马克思主义简明读本

中国特色社会主义 基本经济制度

丛书主编：韩喜平

本书著者：李　锐

编　委　会：韩喜平　邵彦敏　吴宏政
　　　　　　王为全　罗克全　张中国
　　　　　　王　颖　石　英　里光年

吉林出版集团股份有限公司

图书在版编目（ＣＩＰ）数据

中国特色社会主义基本经济制度 / 李锐著. －－ 长春:吉林出版集团股份有限公司，2014.4（2021.2重印）
（马克思主义简明读本）

ISBN 978-7-5534-2620-4

Ⅰ. ①中… Ⅱ. ①李… Ⅲ. ①社会主义经济－经济制度－研究－中国 Ⅳ. ①F120.2

中国版本图书馆CIP数据核字（2013）第174207号

中国特色社会主义基本经济制度
ZHONGGUO TESE SHEHUI ZHUYI JIBEN JINGJI ZHIDU

丛书主编：	韩喜平
本书著者：	李　锐
项目策划：	周海英　耿　宏
项目负责：	周海英　耿　宏　宫志伟
责任编辑：	陈　曲
出　　版：	吉林出版集团股份有限公司
发　　行：	吉林出版集团社科图书有限公司
电　　话：	0431-81629720
印　　刷：	永清县晔盛亚胶印有限公司
开　　本：	710mm×960mm 1/16
字　　数：	100千字
印　　张：	12
版　　次：	2014年4月第1版
印　　次：	2021年2月第4次印刷
书　　号：	ISBN 978-7-5534-2620-4
定　　价：	36.00元

序　言

习近平总书记指出，青年最富有朝气、最富有梦想，青年兴则国家兴，青年强则国家强。青年是民族的未来，"中国梦"是我们的，更是青年一代的，实现中华民族伟大复兴的"中国梦"需要依靠广大青年的不断努力。

要提高青年人的理论素养。理论是科学化、系统化、观念化的复杂知识体系，也是认识问题、分析问题、解决问题的思想方法和工作方法。青年正处于世界观、方法论形成的关键时期，特别是在知识爆炸、文化快餐消费盛行的今天，如果能够静下心来学习一点理论知识，对于提高他们分析问题、辨别是非的能力有着很大的帮助。

要提高青年人的政治理论素养。青年是祖国的未来，是社会主义的建设者和接班人。党的十八大报告指出，回首近代以来中国波澜壮阔的历史，展望中华民族充满希望的未来，我们得出一个坚定的结论——实现中华民族伟大复兴，必须坚定不移地走中国特色社会主义道路。要建立青年人对中国特色社会主义的道路自信、理论自信、制度自信，就必须要对他们进行马克思主义理论教育，特别是中国特色社会主义理论体系教育。

要提高青年人的创新能力。创新是推动民族进步和社会发展的不竭动力，培养青年人的创新能力是全社会的重要职责。但创新从来都是继承与发展的统一，它需要知识的积淀，需要理论素养的提升。马克思主义理论是人类社会最为重大的理论创新，系统地学习马克思主义理论有助于青年人创新能力的提升。

要培养青年人的远大志向。"一个民族只有拥有那些关注天空的人，这个民族才有希望。如果一个民族只是关心眼下脚下的事情，这个民族是没有未来的。"马克思主义是关注人类自由与解放的理论，是胸怀世界、关注人类的理论，青年人志存高远，奋发有为，应该学会用马克思主义理论武装自己，胸怀世界，关注人类。

正是基于以上几点考虑，我们编写了这套《马克思主义简明读本》系列丛书，以便更全面地展示马克思主义理论基础知识。希望青年朋友们通过学习，能够切实收到成效。

韩喜平

2013年8月

目　　录

引　言

经济制度是指一国通过宪法和法律调整，以生产资料所有制形式为核心的各种基本经济关系的规则、原则和政策的总称。

中国目前处于社会主义初级阶段，这个阶段的基本经济制度就是以生产资料公有制为主体、多种所有制经济共同发展，体现劳动者在生产过程中主人翁地位和他们之间的平等、互助合作关系，并且按照劳动的数量和质量分配社会产品的各项制度的总和。

在社会主义初级阶段，党对基本经济制度的认识是一个逐步深化的过程。这里的根本问题是如何正确认识非公有制经济在我国经济中的地位和作用。

在深刻总结改革开放以来所有制结构改革经验的基础上，党的十五大第一次明确提出，公有制为主体、多种所有制经济共同发展，是中国特色社会主义初级阶段的基本经济制度，非公有制经济是社会主义市场经济的重要组成部分。这标志着党对中国特色社会主义基本经济制度的认识提升到了一个新的高度。

第一章　社会主义经济制度

第一节　社会主义经济制度的含义

社会主义经济制度是在生产资料社会主义公有制基础上联合起来的劳动者在生产、分配、交换、消费过程中结成的生产关系的总和。它构成社会主义社会的经济基础，决定社会主义的政治、法律、文化意识形态等上层建筑，是社会主义社会经济生活的根本制度。它与社会主义政治制度一起共同构成社会主义制度的基本内容。生产资料的社会主义公有制是社会主义经济制度的基础。

社会主义经济制度是在资本主义经济制度的废墟上建立起来的，它的物质基础是社会化大生产。它的诞生是人类历史发展的必然，是生产社会化与生产资料资本主义私人占有的矛盾发展的结果。无产阶级革命和无产阶级专政是建立社会主义经济制度的前提。在中国，社会主义经济制度的建立，是中国人民在1949年取得全国胜利后，经过对资本主义工商业、个体农业和个体手工业的社会主义改造完成之后建立的。

生产资料的社会主义公有制是社会主义生产关系的基础。公有制改变了资本主义制度下直接生产者和生产资料分离的状况，从而消灭了阶级剥削的根源。联合起来的劳动者以主人的身份同生产资料直接结合，在生产过程中结成了相互分工协作、平等、互助的关系。

社会主义劳动者创造的产品在劳动者之间进行分配，除用于维持和扩大生产、满足公共需要和社会后备需要以外，其余部分则根据按劳分配的原则分配给劳动者个人，用来满足他们的物质和文化需要，全部产品都是直接或间接为劳动者谋福利的。在社会主义制度下，公有制的企业还是独立的或者相对独立的商品生产者。不论在国家所有制企业之间，还是在不同公有制企业之间的产品交换，仍然采取商品交换的形式。但是，和资本主义的商品交换不同，已经不存在剥削关系，而是体现着劳动者在公有制基础上的平等互利关系。在社会主义制度下，劳动力已经不再是商品，劳动者的消费水平不再受劳动力价值的限制。随着生产的发展，劳动者的消费水平也相应地提高，获得日益丰富的生存资料、享受资料和发展资料，劳动者的体力和智力逐步得到全面发展。

社会主义制度消灭了两极分化现象，保证劳动者先后不同地达到共同富裕。社会主义生产关系是同社会化大生产相适应的，是人类历史上迄今为止最先进的生产关系。它与资本主义生产关系相比具有巨大的优越性，可以促进生产力以更高的速度向前发展。但是，社会主义生产关系与生产力之间仍然存在矛盾。在生产关系的某些具体环节上，还存在着某些不完善的方面，阻碍生产力的发展，随着生产力的进一步发展，生产关系的某些部分会变得陈旧。因此，必须有计划有步骤地改革生产关系中那些不适应生产力发展的环节和方面，使社会主义生产关系得到自我完善和自我发展。

社会主义经济制度是一种区别于以前任何经济制度的全新的经济制度。它具有以下的重要标准：

一、生产资料公有制

不论物质资料生产的社会形式如何，劳动者和生产资料始终是生产的基本要素。人类要进行生产就必须使劳动者和生产资料结合起来，劳动者与生产资料结合的不同方式和方法，使社会经济区别为不同的历史时期。生产资料所有制的形式决定着劳动者与生产资料的结合方式，从而决定着社会生产和再生产各个环节的特点。因此，生产资料所有制是一种社会经济制度区别于另一种社会经济制度的重要标志。在资本主义社会，生产资料的资本主义私有制决定了劳动者与生产资料的结合方式以雇佣劳动与资本相结合为特征，从而决定了生产、交换、分配和消费等社会再生产的各个环节，都服从于资本家最大限度地追求剩余价值的目的。我国社会主义基本经济制度是随着生产资料私有制的社会主义改造完成、社会主义公有制的建立而建立起来的。在公有制经济中，劳动者是生产资料的主人，生产目的是不断地满足广大劳动人民不断增长的物质文化生活的需要。

二、按劳分配

生产资料的社会主义公有制，决定了劳动者是生产资料的主人，在社会生产过程中处于平等地位，不存在人剥削人的关系。在公有制范围内，人们的劳动成果经过各种必要的社会扣除后，按照每个人为社会提供的劳动量进行分配，即实行按劳分配。列宁曾指出："人类从资本主义只能直接过渡到社会主义，即过渡到生产资料公有和按每个人的劳动量分配产品。"按劳分配是社会主义经济制度的一个重要特征。

三、共同富裕

社会主义经济制度的建立，是广大劳动人民的选择，是为不断解放和发展社会生产力，实现广大劳动人民共同富裕服务的。邓小平指出："社会主义的本质，是解放生产力，发展生产力，消灭剥削，消除两极分化，最终达到共同富裕。"他又说："一个公有制占主体，一个共同富裕，这是我们所必须坚持的社会主义的根本原则。"社会主义经济制度是以生产资料的社会主义公有制为基础的，广大劳动人民利用共同占有的生产资料进行联合劳动，劳动产品实行按劳分配，这就使得以共同富裕为目标不仅成为必要，而且有了实现的可能。

第二节　社会主义经济制度的建立

在以往人类社会生产方式的更迭中，无论是封建制度取代奴隶制度，还是资本主义制度替代封建制度，都是以一种新的私有制形式取代前一种私有制形式。社会主义制度的建立与此不同，它是以生产资料公有制为基础的。社会主义替代资本主义的是以生产资料公有制取代私有制，消灭剥削的根源，并且在生产资料公有制基础上实行按劳分配，消除两极分化，逐步实现共同富裕。因此，社会主义制度是人类历史上前所未有的、崭新的社会制度。

社会主义经济制度取代资本主义经济制度，是由生产关系一定要适应生产力状况的规律决定的，是资本主义私有制与高度社会化大生产的矛盾发展的必然结果。

资本主义经济制度在历史上曾经作为一种适应生产力发展的经济制度取代封建经济制度，推动了商品经济普遍化和生产社会化的发展，使得社会生产力达到相当高的水平。"资本主义在它的不到一百年的阶级统治中所创造的生产力，比过去一切时代创造的全部生产力还要多，还要大。"然而，随着资本主义的经济发展，资本主义生产关系同生产力之间的矛盾日益加深，一方面，生产社会化得到了进一步发展，另一方面，生产资料却越来越多地集中在少数人手里，这样，就产生了生产社会化与生产资料私人占有制之间的矛盾，这就是资本主义的基本矛盾。资本主义制度下，生产社会化的发展必然导致社会主义公有制取代资本主义私有制，社会主义经济制度取代资本主义经济制度。

资本主义基本矛盾的发展，使得资本主义的生产关系难以适应生产力的发展要求，只有以生产资料公有制取代生产资料私有制，才能解决资本主义生产关系和生产力的内在矛盾。但是，这种取代过程，并不能随着生产社会化的发展而自发地实现，社会主义经济制度不可能在资本主义社会内部自发地产生，资产阶级不会也不可能让资本主义制度自行灭亡。因此，社会主义取代资本主义必须经过代表新生产力的工人阶级自觉进行的革命斗争才能实现。这种取代的实现途径，还取决于各国基本矛盾发展所造成的革命形势和阶级力量的对比，取代的具体方式和所走的道路会因各国所处的历史条件不同，政治、经济等方面的具体情况不同而存在差异。

社会主义经济制度的建立是资本主义基本矛盾尖锐化的必然结果，按照马克思、恩格斯设想，社会主义革命可能首先在资本主义经济最发达的一些国家同时发生。恩格斯曾指出："共产主义革命将不仅是一个国家的革命，而将在一切文明国家里即至少在英国、美国、法国、德国同时发生。在这些国家的每一个国家中，共产主义发展得较快或较慢，要看这个国家是否工业发达，财富积累较多，以及生产力较高而定。"然而，社会主义实践却超出了马克思、恩格斯的预想，社会主义革命首先在资本主义较不发达的俄国取得胜利，苏俄成为第一个建立社会主义经济制度的国家。苏俄的经验证明，在帝国主义时期，由于资本主义经济政治发展的不平衡，社会主义革命能够突破资本主义世界体系的薄弱环节，在一个或几个国家首先取得胜利。革命首先胜利的国家，不一定是资本主义最发达的国家。后来，中国革命的经验则证明，像旧中国这样半殖民地半封建社会的经济落后国家，在无产阶级政党的领导下，就可以不经过资本主义充分发展的阶段，在民主革命胜利以后领导全体劳动人民走上社会主义道路。

社会主义经济制度代替资本主义经济制度，不同于历史上任何一种经济制度对另一种经济制度的替代。我们知道，以生产资料私有制为基础的社会经济制度的更迭，是一种新的私有制取代一种旧的私有制，所以，在这种更迭过程中，一种新的生产关系的出现，是在旧社会的母体中适应生产力发展的客观要求而自发地产生并得到一定的发展，代表新生产关系的新兴阶级的革命，是在已经有了适合自己利益的新生产关系条件下进行的。革命胜利后，利用新政权的力量为新的生产关系的广泛发展扫除障碍，使新的生产关系取得社会经济中的统治地位，从而建立新的经济制度。历史上的封建制度代替奴隶制度、资本主义制度代替封建制度，都经历了这样的过程。

社会主义经济制度的产生过程，同上述的过程不同，社会主义公有制不可能在以资本主义私有制为基础的旧经济制度内部发育成长，因为社会主义公有制是对资本主义私有制的否定，从而是对资产阶级根本利益的否定。资产阶级决不会自动把生产资料交给无产阶级和劳动人民而建立起生产资料社会主义公有制，必然利用所掌握的国家机器来保护资本主义私有制，镇压无产阶级推翻资本主义制度的斗争。当然，资本主义生产的社会化，为社会主义准备了客观物质条件；有的资本主义国家出现某些社会主义因素，如劳动者自己组织的合作工厂、生产和供销合作社等。但是，整个社会范围的社会主义公有制的建立，迄今为止，只能通过无产阶级革命斗争掌握政权，成为统治阶级，从而依靠无产阶级政权的力量来逐步实现。马克思和恩格斯在《共产党宣言》中庄严地宣告："工人革命的第一步就是使无产阶级上升为统治阶级"，"无产阶级将利用自己的政治统治，一步一步地夺取资产阶级的全部资本，把一切生产工具集中在国家即组织成为统治阶级的无产阶级手里"。社会主义经济制度建立的上述特点，决定了无产阶级专政的建立是社会主义经济制度建立的必要前提。

无产阶级在取得政权，上升为统治阶级以后，怎样利用手中掌握的政权来建立社会主义经济制度，历史的现实同马克思、恩格斯的设想有着很大的差距。按照马克思和恩格斯的设想，由于社会主义革命是在发达资本主义国家里发生的，在那里，城市和乡村早已资本主义化，遍布着以机器大生产为基础的资本主义企业，所以无产阶级在夺取政权以后，只要利用无产阶级专政的国家机器，实行"剥夺剥夺者"，把资本主义私有制变为全社会公有制，革命转变时期的任务就完成了，社会主义经济制度也就建立起来了，因此，这样的社会主义经济制度将具有以下特征：

第一，个人自由的全面发展。在《政治经济学批判》手稿中，马克思考察了人类社会中人与人的关系以及人的个性发展的阶段，把未来的共产主义社会概括为"建立在个人全面发展和他们共同的社会生产能力成为他们的社会财富这一基础上的自由个性"。马克思主义认为，个人自由的真正实现不能离开集体，只有在生产资料社会占有的基础上对社会生产进行有计划的调节，人类社会才能真正从必然王国进入到自由王国。

第二，以生产资料公有制代替私有制。在《共产党宣言》中，马克思、恩格斯指出："共产主义的特征并不是要废除一般的所有制，而是要废除资产阶级的所有制……共产党人可以把自己的理论概括为一句话：消灭私有制。"马克思、恩格斯认为，未来社会"同现存制度的具有决定意义的差别当然在于，在实行全部生产资料公有制（先是单个国家实行）的基础上组织生产"。

第三，尽快发展生产力，实现共同富裕。马克思曾明确指出，在新的社会制度中，"社会生产力的发展将如此迅速……生产将以所有人的富裕为目的"。

第四，消灭商品生产，价值规律将失去其起作用的基础，一切劳动产品将不再作为商品来交换，对全部生产将实行有计划的调节。

第五，个人消费品的分配将实行按劳分配原则，而这种分配是不需要货币作为中介来实现的。

马克思、恩格斯设想的这种社会主义经济制度，是一种由发达资本主义经济演变过来的理论模式，现实中的社会主义经济制度，若无视自己的国情而一味地照搬照抄马克思、恩格斯的相关理论，则不可避免地要付出惨重的代价，后来的历史发展证明了这一点，因此，各国在建立社会主义经济制度时，必须从自己的实际出发，只有这样，才能建立起真正充满活力的社会主义经济制度。

第三节　社会主义经济制度的基础

生产资料社会主义公有制是社会主义经济制度的基础。生产资料公有制是指生产资料由联合劳动者共同所有、占有、支配和使用的所有制形式。社会主义公有制除了两种基本形式即国家所有制和集体所有制以外，还包括混合所有制经济中的国有成分和集体成分。无论国有制和集体所有制，还是混合所有制经济中的国有成分和集体成分，共同构成社会主义经济制度的基础。

一、社会主义国家所有制

社会主义国家所有制亦称社会主义全民所有制。它是全体社会成员共同占有生产资料的一种社会主义公有制形式。现阶段，以国家所有制作为全民所有制的具体形式。我国的国家所有制是通过没收外国资本和官僚资本、对民族资本进行社会改造和国有经济自身发展三条途径形成的。国家所有制的财产包括国家所有的经营性资产、非经营性资产和自然资源三部分：经营性资产主要是各种类型企业中的国有资本；非经营性资产是军队、立法司法机构、各级政府机构以及非政府组织（事业单位）中的国有资产；自然资源包括全国的矿藏、河流和海域，以及国有森林、草原、荒地、滩涂和其他自然资源。

社会主义国家所有制是在消灭资本主义私有制基础上建立起来的，并随着社会主义建设的发展而发展的。对于资本主义私有制，马克思早已明确指出，要"剥夺剥夺者"。毛泽东根据马克思主义原理，对我国半殖民地半封建社会经济进行深刻分析，把我国的资本主义经济和资产阶级区分为官僚资本（大资本）和民族资本（中小资本）、官僚资产阶级（大资产阶级）和民族资产阶级（中小资本家阶级），并分别采取不同的剥夺办法。对官僚资本，毛泽东在《新民主主义论》中指出，要没收大银行、大工业、大商业归这个共和国的国家所有。他在《目前形势和我们的任务》一文中进一步指出，新民主主义的革命任务，除了取消帝国主义在中国的特权以外，在国内，就是要消灭地主阶级和官僚资产阶级（大资产阶级）的剥削和压迫，改变买办的封建的生产关系，解放被束缚的生产力。

中国共产党领导中国人民取得了新民主主义革命在全国胜利后，立即在全国范围内没收官僚资本，把它变成社会主义国家所有制经济。对民族资本主义经济，毛泽东指出，它在民主革命时期和社会主义革命时期都具有两重作用，既有积极作用的一面，又有消极作用的一面。在中华人民共和国成立后的一定时期内，它具有两方面的作用：一方面，具有有利于国计民生的积极作用；另一方面，又有不利于国计民生的消极作用。在《关于正确处理人民内部矛盾的问题》一文中，毛泽东指出，在资产阶级民主革命时期，民族资本主义经济有革命性的一面，又同时有妥协性的一面。在社会主义革命时期，民族资本主义经济有剥削工人阶级取得利润的一面，又同时有拥护宪法、愿意接受社会主义改造的一面。我们党根据民族资产阶级的两面性和民族资本主义经济的两重作用，以及在历史上民族资产阶级同无产阶级有过统一战线的合作，采取了对民族资产阶级生产资料的赎买政策，通过对民族资本主义经济实行分阶段逐步过渡的形式把它改造成为社会主义国家所有制经济。

社会主义国家所有制是和社会化大生产相适应的社会主义公有制形式。与社会主义集体所有制相比，它是社会主义公有制的高级形式，在全体人民的范围内实现了生产资料占有关系上的平等，劳动者与生产资料直接结合。社会主义国家所有制的生产资料不再是剥削手段，而是为全体劳动人民谋福利的工具。社会主义国家所有制是社会主义社会中居主导地位的公有制形式，它掌握着国家的经济命脉，为整个国民经济提供技术改造和实现现代化的保证，是整个国民经济的主导力量，是保障集体所有制经济沿着社会主义方向前进，保障非公有制经济为社会主义服务的决定性条件，是人民民主专政的主要经济基础。但相对于共产主义全民所有制来说，它还是一种不成熟的全民所有制，还需要不断巩固、发展和完善。

社会生义国家所有制之所以必须采取社会主义国家所有制形式，从根本上说，是由全民所有制和社会主义国家的性质、特点以及生产力的发展要求决定的。

第一，社会主义国家所有制是以社会化大生产为基础而建立起来的，各个部门、各个企业之间存在着相互制约、彼此依赖的密切联系，组成一个有机的社会化生产体系。这就在客观上要求形成一个掌握宏观管理和调控权力的社会中心，统一指挥和协调各个部门和企业的生产经营活动，使它们能够克服盲目性，避免社会生产的无政府状态，保证社会化大生产能够按照国民经济发展的总体要求顺利进行。

第二，国家所有制的生产资料属于全体劳动者共同占有，不属于个别劳动者或部分劳动者所有，也不是每个劳动者都单独占有一份生产资料。属于全民所有的生产资料必须由一个代表全体劳动者利益的社会机构来行使所有权，这个社会机构在现阶段就是社会主义国家。在社会主义时期，只有社会主义国家才能代表全体劳动人民的共同利益和意愿，承担起这种社会中心的职能，因而全民所有制采取了国家所有制的形式。

第三，社会主义国家是全体劳动人民共同的根本利益的代表者，通过社会主义国家掌握属于全民所有的生产资料，能够保证全民所有制的生产资料真正属于全民所有，服务于全体劳动人民的利益，把劳动人民的长远利益和目前利益、整体利益和局部利益有机地结合起来，真正为全体劳动者的共同的根本利益服务。

社会主义全民所有制采取国家所有制的形式，并不意味着全民所有的生产资料必须由国家机构直接占有、支配和使用，也不意味着具体的生产经营活动在全社会范围内必须由国家直接组织。社会主义经济的理论和实践证明，国家所有制经济的所有权和经营权完全可以而且就应分离，即必须把国家所有制生产资料的占有权、使用权和具体经营的支配权，交给企业并形成法人财产权力，并且保障企业行使这些权力从而可以获得一部分经济利益。

二、社会主义集体所有制

社会主义集体所有制亦称社会主义劳动群众集体所有制，指部分劳动群众共同占有生产资料的一种社会主义公有制形式，生产资料属于部分劳动群众共同所有的社会主义公有制的一种形式。马克思晚年在述及改造农民私有制时说，无产阶级取得政权后，"一开始就应当促进土地私有制向集体所有制的过渡"。"集体所有制"的概念第一次被使用，并且马克思还提出以集体所有制来改造农民个体所有制的理论。列宁的合作化思想，更为社会主义集体所有制进一步奠定了理论基础。毛泽东和中国共产党从理论和实践上解决了在中国改造个体所有制、建立社会主义集体所有制的任务。集体所有制是经济落后国家的个体农业向现代化前进的基本途径，具有个体经济不可比拟的优越性。在我国农村，集体所有制经济占绝对优势。在城镇的手工业、工业、建筑业、运输业、商业、服务业中也存在这种所有制形式。它废除了生产资料私有制和人剥削人的制度，使劳动者成为集体单位和社会的主人，共同劳动，在生产过程中逐步建立起平等、互助合作关系，生产成果按照符合劳动人民利益和按劳分配的原则进行分配，从而体现了社会主义制度的优越性。邓小平说，"社会主义有两个非常重要的方面，一是以公有制为主体，二是不搞两极分化。公有制包括全民所有制和集体所有制"。

　　集体所有制与国家所有制一样，都是劳动者共同占有生产资料的所有制形式，但是两者又有着明显的区别。表现在：与属于全民所有制的生产资料为全社会劳动者共同占有相比，属于集体所有制的生产资料只为集体范围内的劳动者所共有；在一个集体经济内部，人们在生产资料占有关系上是平等的，但在不同的集体单位之间则是不平等的；每一个集体经济单位作为生产资料的所有者，具有独立的经济利益，是自主经营、自负盈亏的社会主义商品生产者和经营者。

第二章　中国社会主义基本经济制度

党的十五大报告指出，建设有中国特色社会主义的经济，就是在社会主义条件下发展市场经济，不断解放和发展生产力。这就要坚持和完善社会主义公有制为主体、多种所有制经济共同发展的基本经济制度；坚持和完善社会主义市场经济体制，使市场在国家宏观调控下对资源配置起基础性作用；坚持和完善按劳分配为主体的多种分配方式，允许一部分地区一部分人先富起来，带动和帮助后富，逐步走向共同富裕；坚持和完善对外开放，积极参与国际经济合作和竞争。保证国民经济持续快速健康发展，人民共享经济繁荣成果。

第一节　中国社会主义经济制度的建立

中国社会主义经济制度的建立，不能照搬马克思、恩格斯的模式，而必须从中国自己的实际出发，走有中国特色的社会主义道路。中国社会主义道路的选择，是由中国所处的一系列国际国内特殊的政治、经济条件决定的，是合乎历史发展客观规律的。

旧中国是一个半殖民地半封建性质的社会，经济十分落后，虽然随着近代生产力的产生，资本主义经济成分也有了一定的发展，但由于帝国主义、封建主义和官僚垄断资本主义"三座大山"的压迫和剥削，严重地阻碍了中国社会生产力的发展，生产力水平极其低下，机器生产的现代化工业在国民经济中只占10%左右，还有90%左右是落后的、分散的个体农业经济和手工业经济。在半殖民地半封建的旧中国，帝国主义和中华民族的矛盾、封建主义和人民大众的矛盾成为近代中国社会的主要矛盾，不可能通过走发展资本主义的道路来解放生产力，这点已为中国近代的历史所证明。旧中国的经济状况及相应的社会阶级特点，决定了只有中国工人阶级才能肩负起中国民主革命的领导责任，进行以推翻"三座大山"和建立人民民主专政的新中国为目标的新民主主义革命，在新民主主义革命取得胜利之后的适当时机，再转变为社会主义革命。因此，旧中国的经济落后和特殊的社会性质决定了中国革命必须分两步走：第一步就是进行新民主主义革命，无产阶级领导人民大众推翻"三座大山"，改变旧中国半殖民地半封建的社会性质，使之变成新民主主义社会；第二步是社会主义革命，建立社会主义制度。1949年10月1日中华人民共和国成立，标志着我国进入了新民主主义社会。而从新民主主义社会到社会主义社会则必须经过一个过渡时期，这一时期的基本任务是把以生产资料私有制占统治地位的多种经济成分改变为以社会主义公有制为主体的经济结构，从而在全国范围内建立起社会主义经济制度。

我国社会主义经济制度是随着"剥夺剥夺者"、改造小私有者的过程逐步建立起来的。新中国成立后，当时摆在无产阶级面前有两种性质完全不同的私有制：资本主义私有制和农业、手工业中的个体私有制。由于两种私有制性质不同，因而要采取不同的途径把它们改造为社会主义公有制。

对于资本主义私有制，要通过"剥夺剥夺者"转变为社会主义公有制。但是，这种剥夺应根据资本的大小及其在国民经济中的地位和作用，并根据大、中、小资本家对待无产阶级革命所持的态度，采取不同的剥夺办法：无偿没收大资本，和平赎买中小资本。

我国社会主义基本经济制度的建立有以下特点:

第一,没收官僚资本,建立社会主义全民所有制。官僚资本是旧中国的国家垄断资本,是旧中国资本主义生产关系最反动的部分,也是资本主义经济中最集中和占比重最大部分,并同反动政权密切结合,阻碍社会生产力发展。然而其发展也为新中国建立奠定了物质基础。在解放战争尚未取得完全胜利开始,直至1951年初结束,在一定程度上掌握了国家经济命脉,为过渡到社会主义建立了巩固的基地。无产阶级首先利用自己政权的力量,没收大资本。对大资本的没收,是由这种资本的经济地位以及大资产阶级对待无产阶级革命的态度决定的。

在旧中国,大资本主要是指官僚垄断资本,它依附于帝国主义并与之相勾结,垄断了旧中国的经济命脉,严重阻碍了中国生产力的发展,它是反动统治的经济基础。所以,当我国新民主主义革命在全国胜利后,立即在全国范围内没收官僚资本,把它变成社会主义全民所有制的国有经济,这就使无产阶级领导的国家掌握了国民经济命脉,从而为建立社会主义经济制度奠定了基础。在我国,没收官僚垄断资本具有双重革命性质:一方面,消灭它的买办性和封建性,这是属于民主革命的性质；另一方面，消灭垄断资本，则属于社会主义革命的性质。

第二，和平赎买民族资本，壮大社会主义国家所有制。民族资本基本上代表自由的资本主义生产关系，和帝国主义封建势力和买办资本既有矛盾又有联系，他们在夹缝中生存、发展，进行了一定量的投资，运用了一些近代的生产技术和科学知识，进行了一定程度的社会化生产。在中国政治经济发展中起了较大的作用，其消极的一面是十分软弱，屈服于"三座大山"的统治，在社会主义改造时期对他们采取了利用、限制、改造和赎买政策，通过国家资本主义形式，把它改造成为社会主义的国营经济。与官僚资本不同，民族资本主义经济，在民主革命时期和社会主义革命时期都具有两重作用，不但有着积极作用的一面，又有着消极作用的一面。与此相联系，民族资产阶级在对待无产阶级阶级革命的态度上也具有两面性，特别是在新中国成立后，它有着发展资本主义愿望的一面，又有着拥护共同纲领、接受共产党和人民政府领导的一面。民族资本主义经济的两重作用和民族资产阶级政治态度的两面性，使得无产阶级有可能通过"和平赎买"的方式改造民族资本主义经济，以便减少或避免在突然的变革中可能造成的破坏和损失。再加上我国无产阶级手中有强大的国家机器，在没收官僚资本基础上建立起强大的社会主义全民所有制经济，掌握了国家的经济命脉，农业合作化的开展，工农联盟在合作化基础上得到进一步巩固，使民族资产阶级进一步孤立。这些有利的政治经济条件，迫使民族资产阶级接受了无产阶级的赎买政策，从而在我国实现了对民族资本的"和平赎买"。

根据民族资本的特点和当时我国的实践，我国对民族资本的赎买，采取了利用、限制和改造的政策，即利用民族资本主义经济对国计民生有利的作用，限制其不利于国计民生的作用，并通过由初级到高级的国家资本主义形式对民族资本主义经济实行社会主义改造，把它改造成为社会主义国家所有制经济。我国对民族资本所付给的赎买金，在全行业公私合营以前，是采取利润分配形式，使资本家获得一部分利润；在全行业公私合营以后，在企业的利润中，资本家按照其股金的数额，每年获得5%的定息。这种状况一直持续到1966年。我国对民族资本主义企业进行改造的同时，对民族资本家也进行了改造，通过思想教育和安排他们参加企业的生产经营活动，把他们改造成为自食其力的劳动者。

第三，改造个体私有制，建立社会主义劳动群众集体所有制。无产阶级取得政权后，建立社会主义经济制度的一个重要方面，就是必须把广泛存在的农业和手工业个体私有制改变为社会主义公有制，引导个体农民和个体手工业者走社会主义道路。个体手工劳动者既是私有者，又是劳动者，对他既不能采取没收也不能采取赎买，而只能按照自愿互利、典型示范和国家帮助的原则，引导个体劳动者走社会主义道路，走合作化道路办集体企业。对个体农业改造是和平引导他们走上互助合作的道路，没有造成对农业生产力破坏，没有引起社会动荡，使农业生产持续增长，推动了社会主义建设事业的发展。直到1956年底，我国对生产资料私有制的社会改造基本完成，以生产资料公有制为基础的社会主义基本经济制度在我国建立起来了。与此同时，人民民主的社会主义政治制度已经确立，这表明我国告别了新民主主义，而进入社会主义时期。

总之，在我国无产阶级夺取政权后，通过没收官僚资本和和平赎买中小资本，建立并壮大了社会主义全民所有制；通过对个体企业、个体手工业的社会主义改造，建立起来社会主义劳动群众集体所有制。它标志着过渡时期的结束，基本上完成了从新民主主义社会向社会主义社会的转变，建立起以公有制为基础的社会主义经济制度。然而，在改造过程中还存在一些缺点和偏差，对以后的经济发展带来了消极的影响，但是，在我国这样一个人口众多的现实情况下，在比较短的时期内比较顺利地实现了如此复杂、困难和深刻的社会变革，促进了工农业和整个国民经济的发展，这的确是伟大的历史性胜利。

第二节　中国社会处于社会主义初级阶段

在我国，对社会主义发展阶段问题的认识也经历了一个曲折探索和认识的过程。

从1956年底开始，我国完成了对个体农业、个体手工业和民族资本主义工商业的社会主义改造，过渡时期结束，进入到了社会主义社会。但从马克思主义和社会主义发展史看，我国当时所建成的社会主义制度是不是马克思和恩格斯所预言的，还是处在社会主义发展的某一阶段？从当时的历史看，建国以后很长一段时间，我们党和政府都没有搞清，以致从50年代起经常发生"左"的错误，把马克思、恩格斯关于社会主义的论断教条化，脱离国情一味试图实行单一公有制，结果使我国的社会主义建设走了很多弯路。只有正确认识我国现阶段处于社会发展的哪一个阶段，认清当代中国的基本国情，把马列主义与中国革命的具体实践相结合，才能丰富和发展科学社会主义理论，才能找出符合中国实际的社会主义的必由之路。

十一届三中全会以后，我们党恢复了马克思主义实事求是的思想路线，认真总结历史经验，对我国的基本国情，社会主义基本经济制度特征进行了重新的认识，在1981年党的十一届六中全会通过的《关于建国以来党的若干历史问题的决议》中第一次提出了"社会主义初级阶段"的命题，明确指出我国仍处于社会主义的初级阶段。党的十二大报告和十二届六中全会通过的《关于社会主义精神文明建设指导方针的决议》都反复强调这一论断。1987年党的十三大对初级阶段的历史前提、含义、主要矛盾、基本特征、党的基本路线等问题都作了系统阐述，这标志着社会主义初级阶段理论的形成。1992年，党的十四大又把社会主义初级阶段理论作为邓小平理论的重要组成部分加以科学分析，同时把它作为建设有中国特色的社会主义理论的立论基础，强调这个历史阶段至少要上百年，制定各项方针、政策，都应以此作依据，不能脱离实际，不能盲目超前。1997年党的十五大再次强调我国仍处于社会主义初级阶段，郑重指出全党要坚定不移地坚持和执行党在社会主义初级阶段的基本路线，在这次大会上还第一次提出了社会主义初级阶段的基本纲领，即建设有中国特色的社会主义经济、政治、文化的基本目标和基本政策。

邓小平在创建中国特色社会主义理论的过程中，提出了以公有制为主体，多种所有制经济共同发展的基本经济制度，科学地发展了前人对社会主义基本经济制度的理论推测，为我国乃至整个国际共产主义事业的发展带来了新的生机与活力，而且为科学社会主义的发展进一步指明了方向。1992年，邓小平在视察南方重要谈话中对社会主义本质进行了科学的概括："社会主义的本质，是解放生产力，发展生产力，消灭剥削，消除两极分化，最终达到共同富裕。"这个科学概括，在思想内容上，包括两个基本方面，即一方面提出社会主义的根本任务，另一方面提出社会主义制度基础和实现目标。从生产力、生产关系的统一角度来认识社会主义的本质。

邓小平曾经有一个简明的概括，"社会主义本身就是共产主义的初级阶段，而我们中国又处在社会主义的初级阶段，就是不发达阶段"。因此可以说中国的社会主义初级阶段指的就是社会主义的不发达阶段。并不是一切国家在社会主义革命胜利后都一定要经历社会主义初级阶段这样一个历史时期。我国的社会主义初级阶段从50年代生产资料私有制的社会主义改造基本完成，到社会主义现代化基本实现，至少需要上百年的时间。

我国社会主义初级阶段，既不同于社会主义经济制度尚未奠定的过渡时期，又不同于社会主义现代化已经实现的更高阶段。社会主义初级阶段包含两层含义：第一，我国已经是社会主义社会。我们必须坚持而不能离开社会主义，我国今后的发展，不能偏离社会主义方向，要坚定不移地走社会主义道路。第二，我国的社会主义社会还处在初级阶段，生产力比较落后，商品经济不很发达。

社会主义初级阶段是我国社会主义社会发展的一个历史阶段，必然具有社会主义制度的一般经济特征，如建立了作为经济主体的生产资料社会主义公有制；实行了作为分配主体的按劳分配原则；生产目的是为了满足整个社会日益增长的物质和文化生活的需要；建立起了人民民主专政，确立了马克思主义在思想文化中的领导地位，等等。但是，社会主义初级阶段毕竟是不成熟、不发达的社会主义，它又必然具有自身特征，这些特征主要是：

第一，以社会主义国家所有制为主导、以社会主义公有制为主体的多种所有制经济同时并存和共同发展。

第二，以按劳分配为主体的多种分配方式同时并存，按劳分配与按生产要素分配相结合。

第三，社会主义商品经济的发展水平还较低，必须大力发展商品经济。

第四，在共同富裕的目的下鼓励一部分人通过诚实劳动与合法经营先富起来。

在社会主义初级阶段，社会的阶级状况和阶级关系发生了根本变化，国内的主要矛盾也发生了根本性的转变。阶级斗争虽然还在一定范围内长期存在，在某种条件下还可能激化，但是，由于剥削阶级作为一个阶级已被消灭，因而，它已经不是社会的主要矛盾，而落后的社会生产同人民群众日益增长的物质文化需要的矛盾突出了，上升为社会的主要矛盾。为了解决这个主要矛盾，必须大力发展社会生产力。因此，社会主义初级阶段的根本任务是解放和发展社会主义生产力，实现工业化和经济的社会化、市场化和现代化，把经济建设作为一切工作的中心。只有牢牢抓住这个主要矛盾和工作中心，才能清醒地观察和把握社会矛盾的全局，有效地促进各种社会矛盾的解决，也才能为建立成熟的社会主义经济制度直至实现共产主义奠定好物质基础。

第三节　确立社会主义初级阶段
基本经济制度的依据

党的十五大提出：公有制为主体、多种所有制共同发展，是我国社会主义初级阶段的一项基本经济制度。非公有制经济是我国社会主义市场经济的重要组成部分。这是十五大在所有制结构问题认识上的重大突破。在我国社会主义初级阶段，坚持以公有制为主体、多种所有制共同发展的基本经济制度，这是由我国社会主义初级阶段的基本国情和生产力发展状况所决定的。

首先，坚持公有制为社会主义经济制度的基础，这是坚持社会主义道路的基本要求。社会主义必须建立在生产资料公有制与按劳分配的基础上，这是马克思主义的基本理论和社会主义的题中应有之义。改革开放以来，邓小平多次指出："一个公有制占主体，一个共同富裕，这是我们必须坚持的社会主义根本原则。""社会主义两个非常重要的方面，一是以公有制为主体，二是不搞两极分化。""只要我国经济中公有制占主体地位，就可以避免两极分化。"

其次，我国社会主义初级阶段的实际国情，需要在公有制为主体的条件下发展多种所有制经济。我国现在正处在社会主义初级阶段，人口多、底子薄的状况短期内很难根本改变，生产力发展水平总体上还比较低，经济发展状况和人民生活水平，还远远落后于当代发达的资本主义国家。因此，我们必须从社会主义初级阶段这个最基本的实际出发，以经济建设为中心，发展社会主义生产力，是我们的根本任务。坚持以公有制为主体，同时发展多种所有制经济，包括个体私营经济、联营经济、股份制经济、外商投资经济等，才能加快社会主义市场经济建设的步伐，才能更好地发展生产力。

再次，这是由社会主义的根本任务决定的。社会主义的根本任务是发展生产力，一切有利于生产力发展的所有制形式都应当充分发挥其作用。根据邓小平理论，我们提出，判断各方面工作的是非得失，归根到底，要以是否有利于发展社会主义社会的生产力，是否有利于增强社会主义国家的综合国力，是否有利于提高人民的生活水平为判断的标准。

"三个有利于"标准的核心是发展社会生产力。在建立社会主义市场经济体制、发展社会主义经济时，需要发挥各种所有制形式的作用，而不能以公有制为唯一的经济形式，不能片面地追求统一的、单纯的所有制形式。实践已证明，公有制以外的其他所有制形式，在我国社会主义初级阶段的条件下，对于生产力的发展是不可缺少的，是推动生产力发展的动力之一。

第四节　社会主义初级阶段基本经济制度的确立

从20世纪50年代中期我国进入社会主义初级阶段开始，到现在经过60多年特别是改革开放30多年的发展，我国生产力水平有了很大提高，各项事业有了极大进步。然而总的说来，人口多、底子薄，地区发展不平衡，生产力不发达的状况没有根本改变；社会主义制度还不够完善，社会主义市场经济体制还不够成熟，社会主义民主法制还不健全，封建主义、资本主义的腐朽思想和小生产习惯势力在社会上还有广泛影响。我国处在社会主义初级阶段。所谓"社会主义初级阶段"，确切地说应当是"中国特色社会主义初级阶段"。

根据我国处于正处于并将长期处于社会主义初级阶段的基本国情，党的十五大报告指出，建设有中国特色社会主义的经济，就是在社会主义条件下发展市场经济，不断解放和发展生产力。这就要坚持和完善社会主义公有制为主体、多种所有制经济共同发展的基本经济制度；坚持和完善社会主义市场经济体制，使市场在国家宏观调控下对资源配置起基础性作用；坚持和完善按劳分配为主体的多种分配方式，允许一部分地区一部分人先富起来，带动和帮助后富，逐步走向共同富裕；坚持和完善对外开放，积极参与国际经济合作和竞争。保证国民经济持续快速健康发展，人民共享经济繁荣成果。

社会主义初级阶段基本经济制度，既包括作为社会主义经济基础的公有制经济，也包括不是社会主义经济基础的非公有制经济。把非公有制经济纳入到基本经济制度之中，是因为它们同作为主体的公有制经济一样，也是为社会主义服务的，而不是因为它们也是社会主义性质的经济，因此非公有制经济也是中国特色社会主义经济的重要内容。中国特色社会主义经济的特色就在于，在社会主义初级阶段，中国经济中社会主义和非社会主义两种不同经济同时存在。既不能因为公有制以外的其他经济成分不属于社会主义性质的经济，因为它们是公有制以外的其他经济成分，而将它们排除在基本经济制度以外；也不能因为非公有制经济在基本经济制度的范畴内，就认为非公有制经济也是社会主义性质的经济。社会主义基本经济制度的确立，能够把社会主义初级阶段的现实要求和本质特征有机统一起来，因此对促进社会生产力的发展更加有利，同时也对巩固和发展社会主义制度更加有利。

改革开放以来，我国的所有制结构发生了巨大的变化，原来单一公有制已经被公有制为主体条件下多种所有制共同发展所替代。根据实践发展，党的十五大明确提出，以公有制为主体、多种所有制经济共同发展，是我国社会主义初级阶段的一项基本经济制度。社会主义初级阶段基本经济制度的确立，体现了党在所有制理论上的与时俱进。

在社会主义初级阶段，应该建立怎样的所有制结构，确立什么样的基本经济制度，我们党的认识是一个逐步深化的过程。在这里的根本问题是如何正确认识非公有制经济在我国经济中的地位和作用。在改革开放以前，由于对基本国情的认识超出了社会主义初级阶段的实际情况，认为社会主义经济制度只能是由社会主义性质的公有制经济构成，即使允许非公有制经济存在和一定的发展，也只能是暂时的权宜之计。

从改革开放到党的十二大已经开始肯定"劳动者的个体经济是公有制经济的必要的补充"。党的十三大把私营经济、中外合资合作经济、外商独资经济同个体经济一同作为公有制经济必要和有益补充。根据实践的发展，党的十四大进一步强调，多种经济成分长期共同发展，不是权宜之计，而是一项长期的方针。十五大在深刻总结改革开放以来的所有制结构改革经验的基础上，第一次明确提出，公有制为主体、多种所有制共同发展，是我国社会主义初级阶段的一项基本经济制度，非公有制经济是我国社会主义市场经济的重要组成部分。这标志着我们党对社会主义初级阶段基本经济制度的认识提升到了一个新的高度。

之所以在很长的一段时间里，对社会主义初级阶段基本经济制度没有正确的认识，根本原因在于我们长期以来思考所有制结构问题，都没有切实从我国社会主义初级阶段的生产力发展水平和我国社会主义初级阶段的实际出发，而只是从抽象的社会主义一般原理出发。社会主义建设的实践经验和历史教训让我们深刻了解到，必须从我国的具体国情出发，而不仅仅是从概念出发，去判断一种所有制是否具有存在的合理性和优越性。

依据马克思历史唯物主义原理，建立什么样的所有制结构，从根本上，要看是否符合当时当地生产力发展的要求，是否适应本国的具体国情，而不能简单地以公有化程度高低作为标准。社会主义初级阶段基本经济制度的提出，表明我们党在改革开放的过程中，始终坚持马克思主义的基本理论和方法，坚持从中国的实际出发解决问题，因此对中国特色社会主义经济有了越来越清晰的认识。

第五节　社会主义初级阶段的基本经济特征

社会主义初级阶段的基本经济特征，包括两层含义。首先，具有社会主义制度的一般经济特征，没有这些特征即不能成为社会主义；其次，作为社会主义初级阶段，又必然具有与社会主义其他阶段的特征不同的特征，否则就不能称其为社会主义发展中的一个独立的阶段。

从我国现阶段的实际情况看，社会主义初级阶段在经济上主要有以下特征：

第一，生产力水平比较低，呈现多层次不平衡性。由于我国的社会主义是在特定的条件下建立起来的，所以在相当长的时期内，生产力发展的总水平还比较低，发展不平衡，呈现多层次性，从而决定了社会主义经济的不成熟性。但生产力是社会进步的最终决定力量，社会主义生产力一定要不断发展并最终高于资本主义生产力。

第二，公有制为主体、多种所有制经济共同发展。公有制为主体、多种所有制共同发展是我国社会主义初级阶段的一项基本经济制度。这一制度的确立，是由社会主义的性质和初级阶段的国情决定的。社会主义公有制在国民经济中的主体地位已经确立，但它仍不能包括社会主义经济的一切领域，在初级阶段还必然存在其他所有制经济，这些经济形式是我国社会主义市场经济的重要组成部分，它们都具有其自身的特点，并在一定范围内发挥各自的互相不能替代的作用，推动着生产力的发展。同时，公有制经济本身也还存在不成熟性，公有制实现形式可以而且应当多元化，一切反映社会化生产规律的组织形式和经营方式均可以大胆利用。

第三，按劳分配为主体，多种分配方式并存。在社会主义初级阶段个人消费品的分配不能实行单一的按劳分配原则。同以社会主义公有制为主体的多种所有制形式和多种经营凡是相适应，应实行按劳分配为主体、多种分配方式并存的分配制度，应把按生产要素分配和按劳分配结合起来，坚持效率优先、兼顾公平。同时，依法保护合法收入，允许和鼓励一部分人通过诚实劳动和合法经营先富起来，确立劳动、资本、技术和管理等生产要素按贡献参与分配的原则。另外，按劳分配本身在实行中也还要受到各种因素的制约。

第六节　社会主义经济制度与初级阶段的
基本经济制度

社会主义经济制度与社会主义初级阶段的基本经济制度是既相联系又有区别的两个不同概念，不能混为一谈。社会主义社会以社会主义经济制度为基础。社会主义经济制度，则是指以社会主义公有制为基础的社会主义生产关系的总和或社会主义生产关系体系。社会主义经济制度中不包括私有制经济这一范畴。社会主义经济制度本身是一个不断成熟且不断完善的过程。社会主义初级阶段，在社会主义经济制度的每个方面，无论在制度、体制和运行机制上都处于探索的阶段，在很多方面还不够成熟和完善。只有社会主义到高级阶段，社会主义经济制度才会达到成熟阶段，当然社会主义经济制度还要继续完善和发展。

社会主义初级阶段的基本经济制度，初级阶段是它的特点。从所有制结构上来说，是以公有制为主体，多种所有制经济共同发展。除了包括国有经济和集体经济的公有制经济作为主体外，还存在包括私营经济、个体经济和外资经济等多种非公有制经济。从分配制度来讲，是以按劳分配为主体，多种分配方式并存，也就是按劳分配和按生产要素分配方式共同存在。

社会主义经济制度和社会主义初级阶段的基本经济制度这两个概念，在我国宪法和中央有关文献中是明确区分的。我国宪法从1982年到2004年，虽几经修改，但始终一以贯之地明确规定："中华人民共和国社会主义经济制度的基础是生产资料的社会主义公有制，即全民所有制和劳动群众集体所有制。"宪法在界定了"社会主义经济制度"后接着又界定了"社会主义初级阶段的基本经济制度"范畴："我国在社会主义初级阶段，坚持公有制为主体、多种所有制经济共同发展的基本经济制度。"这表明，非公有制经济不属于"社会主义经济制度"范畴，而属于"社会主义初级阶段基本经济制度"范畴，但其前提是以公有制为主体。

在党的十五大报告中，在提出"公有制为主体，多种所有制经济共同发展，是我国社会主义初级阶段的一项基本经济制度"的同时，对确立这一基本经济制度的原因作了说明：第一，我国是社会主义国家，必须坚持公有制作为社会主义经济制度的基础。这里同样是把公有制与社会主义经济制度直接联系，前者是后者的基础和内在要求。没有公有制，也就没有"社会主义国家"。第二，我国处在社会主义初级阶段，需要在公有制为主体的条件下发展多种所有制经济。它表明，我国发展非公有制经济，是社会主义"初级阶段"的需要。第三，一切符合"三个有利于"的所有制形式都可以而且应该用来为社会主义服务。这就是说，发展非公有制经济，是要"为社会主义服务"，而不是削弱和损害社会主义。要服从于"三个有利于"的宗旨，即有利于社会主义社会生产力的发展，有利于社会主义国家综合国力的增强，有利于提高人民的生活水平。

第三章　中国特色社会主义所有制

第一节　所有制与所有制的实现形式

一、所有制的概念

马克思是从两层含义上来论述所有制范畴的，一是作为经济关系的所有制范畴，二是作为法律关系上的所有制范畴。前者体现的是经济主体对客观生产条件的占有关系，这种关系是通过在一定生产方式下的生产、分配、交换、消费活动体现出来的；后者体现的是一种意识关系和法权关系，它表示占有主体对占有对象具有一种任意支配的权利。一定的生产方式产生一定的占有方式，经济上的占有关系产生后，便会有法律上的所有权与之相适应。因此，生产资料所有制作为经济范畴，是指人们在生产过程中对生产资料的关系体系，它包括人们对生产资料的所有、占有、支配和使用诸多方面的经济关系，构成社会生产关系的基础。

生产资料所有制不能简单地理解为生产资料的归属问题，即生产资料归谁所有的问题。因为仅从社会生产过程观察，把生产资料所有制仅仅理解为一个简单的归属问题是不够的。人们把生产资料据为个人、集团或阶级所有，并不是单纯为了现实归属关系，而是为了获取某种经济利益。

生产资料所有制作为一种经济利益关系，必须通过生产和再生产过程才能得以实现，离开了生产资料在生产和再生产过程中的实际应用，生产资料所有制就失去了经济上的意义。因此，应该把生产资料所有制理解为人们在生产过程中结成的生产关系，是辩证统一的，其中"所有"是所有制关系的主要内容，因而通常都根据所有者主体的不同来区分各种所有制的性质。

生产资料所有制决定人们的生产、分配、交换和消费关系，同时它又总是通过生产、分配、交换和消费各个环节的关系来实现自己、表现自己。一定的所有制形式总是表现在生产、分配、交换和消费各个方面人和人的关系上，离开这些具体的经济关系，生产资料所有制就无法理解。马克思指出："给资产阶级的所有权下定义不外是把资产阶级生产的全部社会关系描述一番。"

生产资料所有制结构，是指各种不同的生产资料所有制形式在一定社会经济形态中所处的地位、所占的比重以及它们之间的相互关系。居于支配地位的所有制的性质，决定该所有制结构的性质。所有制结构是经济体制的重要组成部分，也是经济运行机制赖以形成的前提和基础。

所有制结构是指社会中的各种所有制及其具体形式的比例和相互关系。现阶段我国的所有制结构首先可以从公有制经济和非公有制经济两个角度来考察。公有制经济的范围不仅包括国有经济和集体经济，还包括混合所有制经济中的国有成分和集体成分；非公有制经济包括个体经济、私营经济、外资经济和混合经济中的非公有成分。

社会主义初级阶段以公有制为主体的多种所有制经济并存的所有制结构，是生产关系一定要适合生产力性质规律的必然要求：现阶段各地区、各部门生产力发展不平衡；经济不发达，国力有限，国有制单位难于吸收全体劳动者就业；生产能力低，单一的公有制难以满足社会对生活资料和服务的需要；建设资金不足，需要发展多种所有制企业，积聚财力等都要求有一种多层次、多元化的错综复杂的所有制结构与之相适应。社会主义初级阶段的所有制结构不是固定不变的，它将随着社会生产力的发展而变化；在不同的经济领域、不同的地区，各种所有制经济所占的比重也应当允许有所不同。

为了推动社会生产力快速发展，最根本的是适合现有生产力水平的社会生产关系体系的建立，在这种生产关系体系中，首要是适应生产力水平的生产资料所有制形式的确立。生产资料所有制形式是一个社会的经济制度基础，是决定整个生产关系体系的根本性质，是影响社会生产力发展的决定因素。只有适合生产力性质的生产资料所有制形式建立起来，才能使社会生产力向前迅速发展。

社会主义发展的不同的阶段也相应地要求有不同的生产资料所有制形式。社会主义初级阶段不发达的生产力决定了，初级阶段的生产资料所有制形式不可能是全面的社会主义全民所有制，而是多种所有制形式共同存在。

二、所有制与所有制的实现形式

所有制与所有制的实现形式是有区别的两个不同概念。所有制是指人们对物质资料的占有形式，通常指生产资料所有制。在不同的历史阶段，社会生产力发展水平不同，生产资料所有制也不同。在当代，生产资料所有制主要包括公有制经济和私有制经济。公有制经济不仅包括国有经济和集体经济，还包括混合所有制经济中的国有成分和集体成分。原始公社、封建社会和资本主义国家也有公有制。公有制与私有制是相对立的。私有制包括非劳动者的私有制，如资本家所有；也包括劳动者的私有制，如个体劳动者所有。

所有制的实现形式，主要是指在一定的生产资料所有制前提下的资本组织形式。根据企业的资本组织形式的不同，可以分为有限责任公司、股份有限公司、合伙企业、合作企业、股份合作企业等。在不同企业同一所有制可以有多种的实现形式，不同所有制也可以采取同一种实现形式。国有企业、集体企业和非公有制企业都可以采取独资、控股和参股的实现形式。

在计划经济体制的前提下，国有经济主要是独资方式，资本组织形式单一，企业生产资料的活动由政府直接参与和支配。这种资本组织形式，适应不了社会化大生产和建立社会主义市场经济体制的需要。随着改革的深化，多种所有制经济的发展，投资主体的多元化，公有制的实现形式可以而且应该多样化。只有采用多样化的公有制实现形式，才能有力地推动社会生产力的发展。

在整个所有制结构中包含多种性质的经济成分，如国家所有制、集体所有制、私人所有制、混合所有制等；在每一种所有制性质的经济中又各有多种不同的具体所有制形式，如在国家所有制中，按企业组织形式可以分为国有股份公司、国有有限责任公司和国营企业。按国有企业在企业资本中所占比例的大小可以分为国有独资企业、国家控股企业和国家参股企业等多种形式。

第二节　中国社会主义所有制结构的演变

建国以来，我国社会主义基本经济制度演进伴随着社会主义改造和改革开放，大体经过了以下五个阶段：

一、新民主主义社会多种经济成分并存时期（1949年10月—1956年12月）

旧中国是一个半殖民地、半封建国家，生产力水平极端低下和落后，有90%左右是落后的、分散的个体农业经济和手工业经济，劳动生产率很低，劳动人民生活极端痛苦。中国共产党领导全国各族人民推翻了半殖民地、半封建统治，坚定不移地走上了社会主义道路，建立了新民主主义政权。

根据当时的国情，中国共产党决定将中国革命分两个步骤：第一步是进行新民主主义革命，第二步才是社会主义革命。

新民主主义革命是一个过渡期，列宁给过渡期下了一个明确定义，"在资本主义和共产主义中间隔着一个过渡时期……这个过渡时期不能不兼有这两种社会经济结构的特点或特征"。

这个过渡时期是正在衰亡的资本主义与生长着的共产主义彼此斗争的时期，换句话说，就是已被打败但还未被消灭的资本主义和已经诞生但还非常脆弱的共产主义彼此斗争的时期。这个过渡期并不是革命的最终目的，也不是为建立资本主义经济来一个补课，新民主主义革命胜利后将立即进行社会主义革命来建立社会主义经济制度。

新民主主义这一过渡时期在经济结构上的特征是多种经济成分并存的局面，那就是国营经济、合作社经济、农民和手工业者的个体经济、私人资本主义经济和国家资本主义经济。这五种经济成分中社会主义国有经济、私人资本主义工商业经济和个体小商品经济是基本经济成分。从这个角度上说，新民主主义过渡时期是多种经济成分并存，既有社会主义性质的，同时也有资本主义性质的，同时还有个体的小商品生产者，所以当时形成的是综合经济基础，私人资本主义经济制度和小商品经济制度还占相当大比重，社会主义基本经济制度还没有最终建立起来。

因此，我党提出过渡时期的总路线和总任务："中华人民共和国成立到社会主义改造基本完成，这是一个过渡时期。党在这个过渡时期的总路线和总任务，是要在一个相当长的历史时期内，基本实现国家工业化和对农业、手工业、资本主义工商业的社会主义改造。"

这一总路线的实质就是在大力发展生产力的同时，实现对生产资料私有制的社会主义改造，从而使社会主义经济成分占统治地位，以便在全国范围内建立起社会主义经济制度。

二、社会主义单一公有制时期（1956年12月—1978年12月）

1956年底，我国基本完成了所有制方面的社会主义改造：把资本主义工商业经济改造成了社会主义国有经济，把城乡个体小商品经济改造成为了集体经济，建立起了单一公有制为基础的社会主义基本经济制度。对资本主义工商业的社会主义的成功改造是中国共产党和政府在世界范围内，创造性地把马列主义的基本原理同中国革命的具体实践相结合，极大地丰富和发展了马列主义的理论和实践，推动了我国社会主义事业。

在变革资本主义所有制的实践中，将没收官僚资本和改造民族资本相结合，把对资本主义生产资料的暴力剥夺和非暴力剥夺有机地结合起来，实现并丰富了马克思列宁主义关于工人阶级在一定条件下对资产阶级实行赎买的思想，这是无产阶级以最小的代价换取革命最大胜利的一种手段，通过赎买，保存和发展了民族资本主义经济所代表的那一部分社会生产力，充分调动和发挥了民族资产阶级的积极性，同时，在进行所有制改造的同时也改造了人，使资产阶级分子转变成了社会主义的劳动者。所有这一切都是国际共产主义运动史上前所未有的创举。

但是，我们应当实事求是地看到：在对资本主义工商业的社会主义改造过程中，步子还是快了些，使全行业公私合营带有不成熟性，而且在全行业公私合营还没有充分发挥作用时，就被随之而来的"大跃进"彻底打乱了。

此后的十多年，这种经济制度不断得到巩固和强化，形成了"公有制的一统天下"。有统计资料证明，到1978年，国有经济在国民经济中的比重已达到56%、集体经济占43%、非公有制经济只占1%。

在"文化大革命"时期，人们机械地把社会主义和资本主义对立起来，采用非此即彼的思维逻辑，得出了现实社会主义必须遵循的三大经济特征：纯而又纯的公有制、按劳分配和计划经济，结果导致理论与实践上对社会主义基本经济制度的误区：公有制+计划经济+按劳分配成为了社会主义基本经济制度。

由于把这三者之和当作是社会主义基本经济制度，在实践上必然是对私有制采取"消灭"；对集体所有制经济搞"升级"与"穷过渡"，脱离生产力的要求和现阶段的国情基础，追求所有制方面的"一大二公三纯"，试图通过一浪高过一浪的所有制升级运动来取代生产力的发展。突出强化计划经济的作用，把计划当法律，搞大而全和小而全的计划，否定价值规律和市场机制，扼杀企业的生机和活力，使整个国民经济处于僵化、停滞不前的状态。在全社会实行名义是按劳分配，实际是平均主义的分配模式，具体表现为"企业吃国家的大锅饭"、"职工吃企业的大锅饭"，这种分配模式严重束缚了职工和企业的积极性、创造性，限制了社会生产力的发展。

三、改革开放以后以公有制为主体，多种经济成分共同发展时期（1979年—十五大召开之前）

党的十一届三中全会使党的工作重点转移到以经济建设为中心的轨道上来，发展生产力成为国家首要任务，迫切要求对原有经济体制进行改革。

1978年底以来，我国所有制改革不断深化，取得了巨大进展，支撑国民经济保持一定程度增长的所有制结构基本形成。广大城乡恢复和发展了个体所有制经济，出现了一大批三资企业，打破了单一公有制的格局，确立了"一主多元"的思想。我国现实生产力发展水平和其他经济条件，决定了我国所有制结构不能是单一公有制，而应当是"以公有制为主体的多种经济成分并存"的格局。

　　十三大确立了社会主义初级阶段理论后，开始着重研究如何确立中国社会主义的基本经济制度。我们要建设社会主义市场经济，而单一的公有制无法实现市场经济，市场经济需要多种所有制经济并存，邓小平指出市场经济不等于资本主义，社会主义也需要市场经济，并提出了著名的"三个有利于"的判断标准。

　　江泽民在十四大报告中，进一步阐明了所有制结构与社会主义市场经济的关系，认为"社会主义市场经济体制是同社会主义基本经济制度结合在一起的。在所有制结构上，以公有制包括全民所有制和集体所有制经济为主体，个体经济、私营经济、外资经济为补充，多种经济成分还可以自愿实行多种形式的联合经营"。

　　1993年，党的十四届三中全会通过的《中共中央关于建立社会主义市场经济体制若干问题的决定》进一步明确指出："社会主义市场经济体制是同社会主义基本经济制度结合在一起的。建立社会主义市场经济体制，就是要使市场在国家宏观调控下对资源配置起基础性作用。为实现这个目标，必须坚持以公有制为主体，多种经济成分共同发展的方针。"

四、十五大确立了社会主义初级阶段基本经济制度

十五大最重要的理论突破体现在经济上，经济上最重要的突破体现在所有制上。十五大报告第一次把公有制为主体、多种所有制经济共同发展确立为我国社会主义初级阶段的基本经济制度。

社会主义基本经济制度的确立是有着充分的科学依据和实践作基础的，是全党全国人民经过四十多年艰苦探索所取得的科学认识，尤其是对改革三十多年来实践经验的科学总结。

十五大报告中提出我们现在处于并将长期处于社会主义初级阶段，把调整和完善所有制结构作为深化经济体制改革的重大任务，把非公有制经济的地位从作为公有制经济的有益补充上升为社会主义基本经济制度的有机组成部分和社会主义市场经济的重要组成部分，这为多种所有制经济的融合、共同发展奠定了基础。

十五大报告还指出公有制经济占主体，不仅要有量的优势，同时还要有质的提高，公有制经济的主导作用主要表现在控制力上。这些论述提出了一种在市场经济中如何坚持公

有制主体地位的新思路，从而为通过对国有经济的战略性调整和国有企业的战略性改组，增强国有经济的控制力和竞争力，坚持其对国民经济的主导作用，扫清了认识上的障碍。

我们还应看到：将公有制为主体、多种所有制经济共同发展由以前的"方针"上升为"基本经济制度"，也具有重要意义。人所共知：任何方针是人们主观来制订的，由国家和政党来执行，它可以不断修改、补充甚至废弃。但社会的基本经济制度是一种客观的经济关系的总和，人们不可能在主观上去随意修改，只能作出确认或否定的选择；同时，基本经济制度一经建立就具有相对的稳定性，不可能像"方针"那样经常调整与改动。这种从方针上升到基本经济制度，对我国经济及社会稳定及长治久安有重要意义，也反映了中国共产党人与时俱进、大胆创新，在邓小平理论指导下，结合我国国情，发展了马克思列宁主义的所有制理论及社会基本经济制度理论。

五、十六大对社会主义初级阶段基本经济制度理论的进一步发展

十六大报告中又明确提出了坚持和完善基本经济制度，

提出了两个"毫不动摇"和一个"统一"的论述，丰富和发展了马克思主义关于所有制理论。具体就是"必须毫不动摇地巩固和发展公有制经济"；"毫不动摇地鼓励、支持和引导非公有制经济发展"，同时要将"坚持公有制为主体，促进非公有制经济发展，统一于社会主义现代化建设的进程中，不能把这两者对立起来"。

对于第一个"毫不动摇"是因为我们是社会主义国家，必须坚持公有制为主体，发展壮大国有经济，控制国民经济命脉，对发挥社会主义制度的优越性，增强我国的经济实力、国防实力和民族凝聚力具有关键作用。

对于第二个"毫不动摇"是有史以来第一次提出，强调了非公有制经济是社会主义市场经济的重要组成部分，强调发挥非公有制经济对调动社会各方面的积极性，加快生产力的发展有重要作用。

对于一个"统一"我们也清醒地看到建立社会主义市场经济，就必然要形成一套与之相适应的市场竞争机制，需要多元竞争主体。非公有制经济与公有制经济应该在市场竞争中相互促进、共同发展，并非相互排斥、水火难容。从这两个"毫不动摇"的论断看，更显示了党和政府坚持我国现阶段基本经济的长期性、连续性和稳定性。由此可见，党的十六大在所有制理论方面的创新与突破对我国有特色的社会主义建设有重大意义，必将产生深远的影响。

六、十七大再次重申了我国社会主义初级阶段的基本经济制度

党的十七大报告重申了"坚持和完善公有制为主体，多种所有制经济共同发展的基本经济制度"。这是社会主义初级阶段我国所有制结构的改革方针。

关于收入分配问题，十七大报告有了新的提法，其精神在于重视社会公平，解决贫富差距扩大的问题。经过多年的改革实践，社会阶层分化，收入差距逐渐拉大，但共同富裕的目标还没有来得及实现。从分配领域本身着手，来调整收入分配关系，缩小贫富差距，是非常必要的，但是还远远不够。

我国贫富差距扩大最根本的原因在所有制结构的变化，已对公有制的主体地位发生深刻影响。还需要从基本生产关系和基本经济制度来探讨这一问题，才能最终阻止贫富差距两极分化的趋势。坚持公有制为主体、多种所有制经济共同

发展这一社会主义初级阶段的基本经济制度，对缩小我国贫富差距，解决社会公平问题非常重要。

十七大报告关于小康社会分配格局和改善民生、改革收入分配制度的阐述，在解决社会公平问题上向前迈进一大步。十七大报告又进一步明确提出初次分配再分配都要处理好效率与公平的关系，要点是初次分配也要注意公平。

在整个国民收入分配过程中，初次分配的比重要比再分配的比重大得多，再分配只能涉及并调节小部分，初次分配所涉及的范围也比再分配广得多。在初次分配领域可能产生许多分配不公问题，例如企业分配中劳动所得偏低，资本所得偏高；一般雇员所得偏低，高管人员所得偏高；一般性行业所得偏低，垄断行业所得偏高；城市人员所得大大高于农民工所得等，这些问题都会在初次收入分配中发生。初次分配不公平一旦形成，再分配从根本上无法改变初次分配不公的大格局，通过财政税收、转移支付等作出的修补，也只能是在初次分配不公平的基础上进行。因此在初次分配中要处理好效率与公平的关系，更多体现公平。

十七大决心从初次分配阶段开始就注意处理效率与公平关系，再分配要更加注重社会公平，有利于建立合理的收入分配制度，缓解和缩小收入差距的扩大。

七、十八大强调坚持和完善中国特色社会主义制度

党的十八大报告强调："中国特色社会主义道路，中国特色社会主义理论体系，中国特色社会主义制度，是党和人民九十多年奋斗、创造、积累的根本成就，必须倍加珍惜、始终坚持、不断发展。"在新形势下，坚持和完善中国特色社会主义制度，充分发挥中国特色社会主义制度的根本保障作用，是坚持和发展中国特色社会主义的必然要求。

中国特色社会主义制度首先体现在我国社会主义初级阶段的基本经济制度和分配制度上。经济制度是一定社会中占统治地位的生产关系的总和，是区别不同社会形态的基本依据。生产资料所有制是经济制度的基础，并决定经济制度的性质、社会生产的目的和任务、社会产品的分配形式等。任何社会的经济制度都处于各种制度的核心地位。

因此，党的十八大报告在阐述中国特色社会主义制度时，强调公有制为主体、多种所有制经济共同发展的基本经济制度；在阐述全面深化改革开放的目标时，强调加快完善

社会主义市场经济体制，完善公有制为主体、多种所有制经济共同发展的基本经济制度，完善按劳分配为主体、多种分配方式并存的分配制度，这具有十分重大的战略意义。

第三节　社会主义初级阶段所有制问题的新认识

我国在完成社会主义改造以后，确立了社会主义公有制的主导地位，所有制形式上，由于受苏联模式的影响以及对社会主义认识存在误区和局限，沿袭了苏联做法。

中国共产党在所有制理论方面的突破始于十一届三中全会。以邓小平为核心的第二代领导集体，突破了在所有制问题上长期"左"的束缚。解放思想，实事求是，大胆进行理论创新，对所有制的认识不断进步，根据中国国情，制定了以公有制为主体、多种所有制经济成分共同发展的方针。

党的十五大，以江泽民为核心的第三代领导集体，以邓小平理论为指导，进一步解放思想，与时俱进，在所有制理论上取得了重大突破，主要表现在：提出了社会主义初级阶段基本经济制度理论，把公有制为主体、多种所有制经济共同发展从方针上升为社会主义的基本经济制度。

它从根本上保证了社会主义初级阶段所有制结构的长期性和稳定性。明确了非公有制经济是社会主义经济的重要组成部分。消除了长期以来对非公有制经济的歧视，将非公有制经济从体制外纳入到体制内，并且还对公有制内涵、公有制的主体地位以及公有制的实现形式作了科学界定：公有制经济不仅包括国有经济和集体经济，还包括混合所有制中的国有成分和集体成分，同时公有制的实现形式可以多样化。只要是反映社会化生产规律的经营方式和组织方式都可以大胆利用。混合经济理论是对马克思主义所有制理论的重大发展。

党的十六大提出：根据解放生产力的要求，坚持基本经济制度不变，在此基础上贯彻实施两个"毫不动摇"和一个"统一"，公有制和非公有制必须统一于现代化建设进程中，不能把二者对立起来，使他们能够在竞争中发挥各自优势、相互促进、共同发展。这些论述归纳起来，其理论上的突破主要体现在下面几个方面：

第一，在所有制的形式与格局选择标准上，重新确立了生产力为标准，进一步可以用"三个有利于"来衡量，关键是由生产关系一定要适应生产力发展的客观规律决定。

第二，在所有制结构上，突破了单一公有制的观念。中国的生产力发展水平与其他经济条件决定了现实所有制不能是单一所有制。而是公有制为主体，多种经济成分共同发展的格局。

第三，在所有制性质的区别上，排除了"公"好"私"坏的观念，公是社会主义的，私也是社会主义市场经济的重要组成部分。

第四，在公有制的实现形式上，突破了只有国有经济才是公有的，确立了公有制可以有多种实现形式，同一种公有制就有多种实现形式，如股份制就是公有制的实现形式之一。

第五，公有制主体地位的体现上，突破了国有经济比重越大越好的观念。公有资产在社会总资产中要占优势，这是公有制的前提。这个优势，不是简单的数量之比，而是要从经济规模、资本的增值能力、科技含量、市场竞争力等这些关系国计民生的经济命脉，能控制稀缺资源的能力及国民经济的发展方向，要看其控制力。

第六，公有制经济和非公有制经济互相可以融合和渗透，过去私有制和公有制势不两立，矛盾很大，现在都是社会主义经济的重要组成部分，二者在经济发展中的作用都不可低估。

第四章　中国特色社会主义公有制及其实现形式

第一节　生产资料社会主义公有制

生产资料的社会主义公有制是社会主义经济制度的基础。社会主义公有制除了两种基本形式即国家所有制和集体所有制以外，还包括混合所有制经济中的国有成分和集体成分。

一、社会主义国家所有制

社会主义国家所有制是生产资料归社会全体成员共同占有的一种形式。它是为了解决生产社会化和资本主义私有制的矛盾，通过"剥夺剥夺者"建立起来，并随着社会主义建设的发展不断壮大的。在社会主义国家所有制的范围内，全社会劳动者在生产资料所有关系上是平等的，是这些生产资料的共同的主人。在这个范围内，生产资料不仅不再是剥削手段，而且排除了由于生产资料占有的差异所引起的人们生活富裕程度上的差异。由于国家所有制的主体是社会全体成员，而数以千万计的社会全体成员不可能直接占有和支配庞大的全民财产，必须由一个社会中心作为代表来占有和支配，这个社会中心，在社会主义阶段，只能是社会主义国家，所以，社会主义国家所有制要表现为社会主义国家所有制，国家所有制经济要表现为国有经济，国家所有制企业要表现为国有企业。

现阶段，我国国家所有的生产资料包括矿藏、河流、国有森林、山岭、草原、荒地、滩涂和其他自然资源，绝大部分的邮电、银行、铁路、公路以及国有的工厂、农场、商店等。可见，国家所有制经济掌握着国民经济的命脉，拥有雄厚的经济实力，是我国社会主义经济制度的主要经济基础，从而成为进行经济建设的基本经济条件。

国家所有制经济在社会主义国民经济中居于主导地位，是整个国民经济的领导力量，它在国民经济中所起的主导作用表现为：

第一，国家所有制经济生产出绝大部分的现代化生产设备、原材料和能源，提供绝大部分的交通运输和邮电服务，从基本物质条件方面，保证社会主义扩大再生产的顺利进行。

第二，国家所有制经济拥有现代化的生产手段、生产技术和信息网络，可为国民经济的技术改造提供先进的信息、设备和技术，促进科技的现代化，从而加速生产力的发展。

第三，国家所有制经济是我国社会主义建设资金积累的主要来源。国家所有制企业上缴的税金和利润，占全国财政收入的比重很大。

第四，国家所有制的生产性企业为满足劳动人民的物质文化生活提供绝大部分的消费品。国家所有制的商业，沟通城乡之间、地区之间的物资交流，调节全国的商品流向，这对满足人民的需要起着重要作用。

第五，国家所有制经济对整个国民经济沿着社会主义方向发展起着领导作用。在我国存在着多种经济形式的条件下，它是保证集体所有制经济沿着社会主义方向发展，保证非公有制经济作为社会主义市场经济重要组成部分的决定性条件。总之，国家所有制经济对于保证社会主义方向，加速社会主义现代化建设，促进国家繁荣富强、人民富裕幸福，都具有决定性的作用。

相对于共产主义阶段的全社会所有制来说，社会主义全民所有制还是一种低层次的不成熟的全社会所有制，还需要采取社会主义国家所有制形式，而采取国家所有制形式却并不意味着国家对所有国家所有制企业直接进行经营管理，社会主义国家所有制生产资料的所有权和经营权可以而且应当适当分离，即在国家所有制经济领域内，生产资料的所有权是统一的，属于全体人民，也就是统一归国家所有，由国家代表全体劳动者行使生产资料的所有权和宏观的支配权，在总体上管理整个国家所有制经济，而将占有权、使用权和微观的支配权委托给企业，由企业进行具体的经营管理。

之所以要由国家行使所有权和宏观的支配权，从根本上说，是由国家所有制和社会主义国家的性质、特点以及生产力的发展要求决定的。

第一，以社会化大生产为基础的国家所有制经济，各部门、企业彼此联系、相互制约，组成一个有机的社会化生产体系，客观上要求有一个社会中心来统一指挥和协调，这样才能保证社会化大生产顺利进行。在社会主义时期，只有社会主义国家才能承担这种社会中心的职能。

第二，为了保证国家所有制的生产资料真正属于全民所有，服务于全体劳动人民的利益，需要一个能够正确反映和代表劳动人民根本利益的社会中心，高瞻远瞩，合理管理和支配全民所有的生产资料。因此，只有通过社会主义国家所有制才能把劳动人民的长远利益和眼前利益、整体利益和局部利益结合起来，从而使全民所有的生产资料真正为全体劳动人民谋福利。

第三，国家所有制的生产资料属于全体劳动者共同占有，不属于部分劳动者或个别劳动者所有。全民共同占有是指全体劳动者作为一个统一的整体对生产资料实行共同的占有，而不是每个劳动者个别占有的简单相加，所以，属于全体劳动者共同所有的生产资料，必须由一个代表全体劳动者利益的社会机构来行使所有权，这样的社会机构在社会主义现阶段就是社会主义国家。

社会主义国家所有制不仅要采取社会主义国家所有制形式，而且要把社会主义全民所有制生产资料的经营权交给企业，究其原因主要是：

第一，社会主义的经验已证明，国家所有制企业的所有权与经营权全部集中于国家机构，往往限制了企业主观能动性的发挥，捆死了企业的手脚，使企业死气沉沉，效率低下。而把经营权下放给企业，有利于调动劳动者的积极性，有利于开展企业经营活动，有利于提高经济效益。

第二，市场的信息、社会的需求是瞬息万变、千差万别的，作为全民代表的国家不可能完全了解和适应这种复杂多变的情况，因此，必须实行国家所有制经济的所有权与经营权分离，以利于国家所有制经济主动、积极地组织生产和经营，更好地满足社会的需要。

第三，资本主义发展的历史也已表明，所有权与经营权分离，是生产社会化发展的必然趋势。而社会主义国家所有制经济就是为了适应日益扩大的生产社会化而产生的，因此，同样要求生产资料所有权与经营权的适当分离。

从社会主义的实践来看，实行国家所有制经济生产资料所有权与经营权的分离，必须要把它的产权关系界定清楚。所谓产权，就是指对财产所拥有的权利，是人们围绕财产关系而在法律上形成的权利关系，它包括对财产的狭义的所有权、占有权、使用权、处置权和收益权（又分为所有者收益权和经营者收益权）在内的权利关系。其中，狭义的所有权在生产资料的所有制关系中具有决定性的作用，而占有权、使用权、处置权和经营者收益权统称为经营权。产权明晰、两权分离以后，作为全民共同占有生产资料代表的国家拥有对国家所有制经济生产资料的所有权和相应的收益权，而企业则拥有充分的经营权。这样，一方面使国家机构从繁琐的企业生产等事务中解脱出来，更好地集中精力于宏观管理经济，另一方面又使国家所有制经济真正成为市场的主体，使国家所有制经济得到进一步的发展。

二、社会主义集体所有制

相对于国家所有制经济而言，集体所有制经济是生产资料归部分劳动群众共同所有的一种社会主义公有制经济形式。一般而言，它是与较低的生产社会化程度相适应的公有制形式。在我国现阶段，集体所有制经济具有很大的包容性，它广泛存在于城镇手工业、工业、建筑业、运输业、商业、服务业等行业和农村的农业与非农产业，它与国家所有制共同构成了我国公有制经济的主体。

集体所有制经济在我国国民经济中占有重要的地位，发挥着重要的作用，是一种具有强大的生命力的公有制形式。

一般来说，它的规模较小，资金较少，而且基本上由劳动者自行集资，不需要国家投资；它自主经营，比较灵活，对市场的适应性强；它实行自负盈亏，其经营状况同劳动者的利益密切相关，能够更好地调动劳动者积极性；它能容纳手工劳动、半机械化劳动、机械化劳动等不同层次的生产力，有利于发挥广大劳动者和各种工程技术人员的作用。在我国现阶段尚存在多层次生产力、资金短缺、就业困难、某些社会需要还得不到充分满足的情况下，发展集体所有制经济，对于充分地调动广大群众中的人力、物力、财力，以发展社会生产力和整个国民经济，满足人民群众物质文化生活多方面的需要，都具有十分重要的意义。因此，集体所有制经济是一种很有发展前途的公有制形式，不能把它看作暂时的和过渡性的公有制形式，而是要积极地更多地发展它、壮大它，这对发挥公有制经济的主体作用意义重大。

目前，我国社会主义集体所有制经济，按其所在地区或生产经营的对象不同，可分为农业集体所有制经济和城镇集体所有制经济。

农业集体所有制经济是我国现阶段农村中的主要经济形式，占全国人口总数80%的农民的生产和生活是与集体经济联系的，全国90%以上的粮食和经济作物是农业集体经济所生产的。而在我国农村现阶段，集体所有制经济则采取了合作经济的形式。所谓合作经济，是指劳动者在自愿的基础上，通过资金、技术、设备以及其他生产要素联合起来进行合作生产和经营的一种所有制形式。

十一届三中全会以后，我国农村集体经济组织基本上都实行了联产承包责任制。在家庭联产承包责任制下，基本的生产资料，如土地、水利设施等，仍归集体所有，但有一部分生产资料分别交给农户。各个农户根据与集体订立的合同，按照集体的要求，承包一定的生产任务。这种经营管理体制保留了集体所有制的一些性质，但由于生产条件所制约，目前农村中集体经营的比重还不大，它也有自己的新特点：集体虽然还拥有对土地和其他少数农业生产资料的所有权，农民私有的生产资料日益增加，大部分农业机械等也为农民私有。农户的生产、经营等活动全由农户自行决定。这也就使农户经营在一定程度上带有个体经济的色彩。因此，现阶段，我国农村生产资料所有制形式已经不再是过去的集体所有制，而是生产资料既有集体所有，又有农户私有的合作经济。

家庭联产承包责任制这种合作经济，在统分结合的具体形式和内容上有很大的灵活性，可以容纳不同水平的生产力，具有广泛的适应性和旺盛的生命力，一定要长期加以坚持。采用家庭承包这种小规模经营方式，有利于发挥家庭生产经营的长处，调动农民个人及其家庭成员的生产积极性和主动性，这对于现阶段我国农业生产的发展具有十分重要的作用。当前，我国农村的合作经济形式继续发展，出现了诸如劳动者之间联合的股份合作制经济，同样也属于集体经济范围，需加以保护和支持。

我国的城镇集体经济，一部分是在20世纪50年代对个体手工业者和小商贩的社会主义改造的基础上建立和发展起来的，大部分则是在经济建设过程中，在地方政府、街道、企事业单位的扶持下建立起来的。十一届三中全会以来，城镇集体经济得到了广泛发展，目前已成为一支强大的经济力量。我国城镇集体经济包括手工业、工业、建筑业、运输业、商业和服务行业等各种形式的合作经济。城镇集体经济具有投资少、见效快、易于兴办、能吸收较多劳动力等特点。它的存在和发展，对促进我国生产的发展、满足劳动人民物质文化生活需要、扩大出口、积累资金、安排就业等，都有着重要作用。因此，城镇集体所有制同农村集体所有制一样，是需要长期存在和鼓励发展的。从当前看，城镇集体所有制同全民所有制一样也存在产权问题，必须界定清楚，只有这样，城镇集体所有制才可能真正得到健康发展。

三、混合所有制中的国有成分和集体成分

社会主义的公有制，除了国家所有制和集体所有制两个基本形式之外，它还包括混合所有制经济中的国有成分和集体成分。所谓混合所有制经济，是指由不同性质的所有制经济组合而成的一种经济形式。在我国，混合所有制经济的形式主要有：中外合营经济（包括中外合资经营企业、中外合作经营企业）、股份制企业以及由不同所有制性质的企业、单位所组建的经济联合体和企业集团等，它们中的国有成分或集体成分，也都属于公有制经济，是社会主义公有制的一个组成部分。

第二节　坚持公有制的主体地位

一、坚持社会主义公有制的主体地位

在社会主义初级阶段多种所有制形式并存的所有制结构

中，必须坚持公有制为主体，邓小平曾多次强调这一点，并把它作为必须坚持的社会主义的根本原则。这是因为社会主义公有制是社会主义经济制度的基础，是社会主义经济制度的根本标志。只有建立起社会主义公有制并使其在多元化的所有制结构中占据主体地位，才能真正地巩固和发展社会主义经济制度，才能有利于调动广大劳动者的积极性，发展生产力，防止两极分化，实现共同富裕。

公有制的主体地位主要体现在三个方面：

一是公有资产在社会总资产中占优势。也就是说从数量上看，公有制经济资产的总和应高于非公有制资产的总和。公有资产占优势，要有量的优势，更要注重质的提高。

二是国有经济控制国民经济命脉。那些关系国计民生的重要部门、行业和企业必须通过科学、合理、经济、有效的形式控制在国家手中，如重要原材料和能源的基础工业；交通、邮电、通讯等基础设施；金融、外贸、军工、广播电视业以及一些重要的高科技产业等。

三是国有经济对经济发展起主导作用。国有经济的主导作用，主要体现在控制力上。国有经济的主导作用还体现在引导其他经济成分为社会主义服务，保证全体社会成员实现共同富裕等方面。必须指出的是，上述三点是就全国而言的，有的地方、有的产业可以有所差别。

所以，坚持公有制为主体，关键是要提高公有制经济的整体质量，提高公有制经济的控制力和竞争力。这样才能真正发挥公有制经济的优越性。因此，要继续深化国有经济内部的改革，还要从战略上调整国有经济布局，对关系国民经济命脉的重要行业和关键领域，国有经济必须站支配地位；在其他领域可以通过资产重组和结构调整，加强重点，提高国有资产的整体质量。公有制经济特别是国有经济要积极参与市场竞争，在市场竞争中壮大和发展。也就是说，公有制主体地位是通过各种所有制经济平等参与市场竞争来实现的。公有制企业，特别是国有大中型企业，要转换经营机制，提高企业素质，提高经济效益，真正成为我国经济建设的中坚力量。在坚持公有制为主体，国家掌握国民经济命脉，国有经济的控制力和竞争力得到加强的前提下，国有经济比重减少一些，不会影响我国的社会主义性质。从1989年到2001年，虽然国有企业户数从10.23万户减少到4.68万户，但国有及国有控股工业企业完成的工业增加值从3895亿元增加到14632亿元，年均增长11.67%；实现利润由743亿元提高到2389亿元，年均增长10.22%；平均每户实现税金从100万元提高到782万元；全员劳动生产率从每人每年9115元提高到54772元；国有企业固定资产净值由7033亿元提高到39588亿元。

二、坚持国有经济的主导作用

准确认识和科学界定国有经济在国民经济中的主导作用，是正确发挥公有制主体作用的最关键的问题，是坚持公有制为主体、多种所有制经济共同发展的基本经济制度的政策基础。党的十五大和十五届四中全会、十五届五中全会都明确提出，在社会主义市场经济条件下，国有经济在国民经济中的主导作用，主要是表现在对国民经济发展的正确导向和对经济运行整体态势的控制和影响上，而不是表现在国有资产的全面布局上。目前，我国国有经济分布过宽，整体素质还不高，资源配置还不尽合理，如果不作战略性调整，就难以在社会主义市场经济中发挥好主导作用，从而影响公有制主体地位的巩固和发展。

增强国有经济在国民经济中的控制力，主要体现在以下几个环节上：第一，国有经济要在关系国民经济命脉的重要行业和关键领域占支配地位，支撑、引导和带动整个社会经济的发展，在实现国家宏观调控目标中发挥关键作用；第二，国有经济要更注重在整体分布上的优化和经济素质、技术素质、管理素质等方面质的提高和影响力的扩大；第三，国有经济对国民经济控制力的发挥，不仅仅要通过国有独资形式的企业来实现，更应该通过大力发展由国家控股或参股的混合所有制形式的企业来实现；第四，国有经济必须坚持"有进有退"，"有所为，有所不为"的原则，国有经济在某些方面的"退"或是"进"都是战略调整的需要，是增强国有经济在国民经济中控制力的需要。

要着眼于搞好整个国有经济，对国有企业实施战略性重组：一是国有经济必须从一些竞争性行业和一般性行业中有选择地退出，提高国有资产的利用效率；二是国有企业之间通过坚守、联合等形式，围绕优势企业，以资本为纽带，通过市场组建具有较强竞争力的跨地区、跨行业、跨所有制的大企业集团，获得规模效益，提高企业的竞争力；三是采取改组、联合、兼并、租赁、承包经营、股份合作制和出售等形式，对小型国有企业开放搞活，以满足社会多样化的物质文化生活需要。

改革开放以来，国有经济和集体经济都有很大发展，虽然由于集体经济和非公有制经济发展速度明显快于国有经济，因而国有经济的比重下降较大，但是国有经济仍然控制着国民经济命脉，公有制经济仍然占主体地位。据统计，1996年国有经济和集体经济在国内生产总值中占69%，加上混合所有制经济中的国有成分和集体成分，公有制经济在国内生产总值中占76%。今后随着多种所有制经济的进一步发展，随着对国有经济进行的战略性调整，国有经济的比重还有可能减少一些，但是，公有制经济的主体地位不会改变，国有经济仍将控制国民经济命脉，对经济发展起主导作用。

第三节　社会主义公有制实现形式及其多样化

所有制的实现形式和所有制或所有制形式是不同的，它们是既相互联系又相互区别的两个概念。从一般意义上讲，所有制是指生产资料或资产归谁所有，归社会主义国家所有，就是国家所有制即全民所有制，归部分劳动群众集体所有，就是集体所有制。这两种公有制，也称作两种公有制形式，即国家所有制形式和集体所有制形式，这里所说的"形式"不是公有制的"实现形式"，而是公有制自身的具体形式。而所有制的实现形式则是指一定所有制经济所采取的经营方式和组织形式。一定的所有制可以采取多样化的实现形式，不同的所有制也可以采取相同的实现形式。

社会主义公有制实现形式可以而且应当多样化，并且还应随着生产力发展要求的变化而不断调整，公有制实现形式的单一化或凝固化，不利于社会主义经济的发展。选择公有制实现形式，应当符合生产力的发展，一切反映社会化生产规律的经营方式和组织形式都可以利用。

我国公有制经济的实现形式，自改革开放以来已经突破了国家经营和集体经营的形式。公有制实现形式出现了多样化局面，例如股份制经营、股份合作制经营、承包经营、租赁经营、委托经营等。这是因为各种公有制企业的公有化程度和企业规模不同、企业所属产业的属性的差别、企业的经营管理水平和经济效益的差异以及各种其他的条件。

股份制是现代企业的一种资本组织形式，从而也可以是公有制的一种实现形式。它有利于所有权和经营权的分离，有利于提高企业和资本的运作效率。由于它是与社会化大生产相适应的、在市场经济条件下发展起来的资本组织形式，因而在社会化市场经济中具有普遍的适用性，资本主义市场经济可以用，社会主义市场经济也可以用。不能笼统地说股份制是公有还是私有，关键看控股权掌握在谁手中。国家和集体控股，便具有明显的公有性，有利于扩大公有资本的支配范围，增强公有制的主体作用。

目前城乡大量出现的多种多样的股份合作制经济，是改革中的新事物。它是我国社会主义市场经济中集体经济的一种实现形式。在股份合作制经济中，劳动联合和资本联合有机地结合在一起，职工共同占有和使用生产资料，共同劳动，共享利益，共担风险；职工既是劳动者，又是企业出资人。实行股份合作制，落实了企业资产经营责任，提高了职工对企业资产的关心程度和风险意识，增强了企业凝聚力，调动了职工的积极性，有利于促进生产力的发展。从近年的状况看，全国城乡的股份合作制企业发展势头既快又好。可以预见，我国股份合作制经济必将在逐步完善的基础上得到进一步发展。

公有制的实现形式其含义应是生产资料公有制在出资关系、财产组合、支配方式、治理结构等社会微观层次上的具体体现。把它具体到企业，是与企业财产的组织形式、资本的组合方式和资产的经营方式交织在一起的。在我国现阶段，公有制经济在国民经济的所有制结构中仍占有主体地位。而在计划经济体制下，公有制的国有经济的资本组织形式单一，主要是独资方式，政府直接参与企业的生产经营活动。几十年的经济发展实践也证明：单一的公有制形式不适应生产力发展的需要，单一的公有制实现形式也同样不适应生产力发展的需要。随着社会经济的发展，随着改革开放的深入，公有制经济占主体地位，多种所有制经济成分共存成为不争的事实。但是多种所有制经济成分的发展，投资主体的多元化，以及随着产权流动及重组，财产混合越来越多，即形成了新的财产所有结构。因此可以得出这样的结论：改革促进了所有制的多样化，也促进了公有制实现形式的多样化。但从理论上我们也应该认识到：所有制实现形式的优与劣、合理与否，将直接关系到所有制的生存与发展。

在一般意义上说，作为所有制实现形式，它应满足所有制的内在四大要求，那就是：（1）对生产力的适应和促进；（2）对经济发展过程四环节的参与、影响与控制；（3）使所有制所代表的特定权利规定和权益要求得到实现；（4）必须实现所有制内部生产关系的再生产。在我国，公有制实现形式如何，怎样寻找和选择公有制的实现形式，就成为直接关系到公有制的存在和发展、关系到社会主义制度存在和发展的重大理论和实践课题。党的十五大报告中已经引领我们去认识这样重大问题："要全面认识公有制经济的含义。公有制经济不仅包括国有经济和集体经济，还包括混合所有制经济中的国有成分和集体成分。"也就是说在社会主义初级阶段，除了国家所有制和集体所有制两种基本的公有制形式外，还存在着改革开放中新出现的由不同所有制联合形成的其他公有制形式，如股份制、股份合作制等。应该看到并承认，这些新出现的所有制形式并不像传统的公有制那样是完全公有，但仍可以视为公有化程度较低的社会主义公有制形式。

因此，在社会主义初级阶段的经济总体，应当是由多种所有制成分共同组成的，但作为社会主义经济制度的基础，公有制的基本性质不能改变，而公有制的实现形式则可以而且应当多样化。

公有制实现形式的多样化有着客观必然性：

第一，公有制实现形式多样化是我国社会主义初级阶段生产力发展的客观要求。与我国所有制结构中公有制为主体，多种所有制形式共同发展的原因一样，公有制实现形式的多样化，必然要由我国的基本国情来决定，即由我国社会主义初级阶段生产力发展状况来决定的。我国生产力的落后与多层次发展，以及生产力的组织、管理和经营方式的落后，不仅使我国的所有制形式多样化，而且使我国公有制经济数量众多，规模不同，类型各异，而且它们在各自所处的行业和地区中的地位和作用也不同，因此，公有制的实现形式必然是多样化的，也是生产关系一定要适合生产力发展的客观规律所决定的。

第二，公有制实现形式多样化是发展社会主义市场经济的必然要求。我国传统的公有制产权制度是一元化的国有产权制度，其最大的弊端就是产权不清。市场经济要求政企分开，企业真正自主经营和自负盈亏，但这种国家直接占有、经营，企业只是国家行政机构的附属物，无法实行政企分开。另外，所有者对于企业的财产约束不力，使企业难以成为自主经营的独立法人，国家不得不对企业承担无限的责任，企业难以成为市场经济的真正主体。其次，企业产权缺乏市场交易性，难以使资本和其他要素流动，并在流动中实现资源的最优配置。从所有制的结构来看，单一的公有制经济不适应市场交换对产权主体的要求，因为没有多元的产权主体，就不能实现真正意义的交换，也就不能形成市场。因此要发展市场经济，必须发展多种所有制经济，当然包括发展公有制的多种实现形式，最终建立多元的市场主体，以进行产权制度的改革。

第三，公有制实现形式多样化将有利于转变经济增长方式，推动我国经济的发展。经济增长方式是由一定发展阶段的经济体制和运行机制、经济发展战略和宏观政策环境所决定的。经济增长方式它既是一定历史条件下的产物，同时它在历史上也处于不断的变革中。目前，我国公有制的最重要的部分国有企业的改革正处在制度创新和配套改革阶段，而转变经济增长方式的根本途径就是国有企业的制度创新和建立现代企业制度。制度创新就是严格按照市场经济的要求，建立现代企业制度，而现代企业制度就是那些同现代社会化大生产和市场经济本质要求相适应，有助于生产经营者充分施展活力并能够实现较高效率的企业制度。制度创新的根本就是理顺产权关系，要把理顺产权关系放在建立现代企业制度的重要位置上。党的十四届三中全会决定把现代企业制度的规定性概括为四句话：产权清晰、权责明确、政企分开、管理科学。把产权清晰放在第一位绝不是一种偶然的排列，它是建立在一种经济体制运行的逻辑之上的，是建立在经济发展的客观规律基础之上的。因此，进行国有企业的制度创新，建立现代企业制度，这不仅是高速、高效、稳定增长的经济运行机制与经济增长方式的本质要求，也是转变经济增长方式最具体、最有效的微观制度性手段。

第四，公有制实现形式多样化，是我国公有制本身自我完善、自我发展的必然要求。江泽民在党的十五大报告中明确指出："公有制的实现形式可以而且应当多样化。一切反映社会化生产规律的经营方式和组织形式都可以大胆利用。要努力寻找能够极大促进生产力发展的公有制实现形式。"这一论断有两层含义，一是强调公有制的性质不能变，公有制的实现形式则必须根据生产力发展的不同程度灵活加以选择；二是公有制的性质必须通过一定的实现形式才能落到实处。只要这些公有制的实现形式适应生产力发展的客观要求，必能保证公有制经济的有效运行。

第五章　公有制形式的新变化

第一节　股份制

股份制是现代企业的一种资本组织形式，是通过发行股票筹集资金组建的企业，在现代市场经济中，是一种与生产和资本高度社会化相联系的有效的财产组织形式。"资本主义可以用，社会主义也可以用"，党的十五大报告明确指出了这一点，股份制本身没有姓"资"还是姓"社"的问题，不能笼统地说股份制是公有还是私有，关键要看控股权掌握在谁的手中。在条件具备的情况下，要看控股的绝对优势；而在条件不成熟的情况下，也可以看控股的相对优势。

我国股份制经过试点的探索、实验、发展，从1992年起进行全面推广、实施。实践证明，十多年的国企股份制改造已显示出其巨大的效益优势，成为了现代企业比较先进的经营组织形式，具有推动生产力发展的巨大活力。同时，我国股份制理论的探讨、研究，也是对马克思等经典作家股份制理论的重大发展。

马克思等经典作家非常关注股份公司制度，在他们的论述中，有以下三点应引起特殊重视：第一，马克思充分肯定股份制的集中功能，认为股份公司使生产规模惊人地扩大了，个别资本不可能建立的企业也出现了，而且进一步说：假如必须等到某些单个资本增长到能够修建铁路的时候，那么恐怕至今世界上都还没有铁路，但通过股份公司很快就完成了。第二，马克思认为股份公司制度可以形成与私人资本、私人企业相对立的社会资本、社会企业，其潜台词是股份公司并不必然是私有制的公司。他的论述是这样的：使以生产资料和劳动力的社会集中为前提的资本，在那里直接取得了社会资本（即那些直接联合起来的个人资本）的形式，而与私人资本相对立，并且它的企业也表现为社会企业，而与私人企业相对立。这是作为私人财产的资本主义生产方式本身范围内的扬弃。第三，马克思认为应根据控股权的性质来判断股份公司的所有制特点，金融寡头就是通过多级控股的公司来控制比自身资本大几倍、几十倍的他人资本。而后来的列宁也正是从这个角度指出股份公司是金融寡头控制经济的工具。基于上述马克思等经典作家的论述，我们在研究股份制问题时应着重研究股份制的所有制性质及有关问题。具体有这样几个问题：

第一，股份制是现代企业的资本组织形式，它本身没有姓"社"还是姓"资"的问题，资本主义和社会主义都可以采用。我国现阶段实行的是社会主义市场经济，它区别于传统的集中计划体制的社会主义，认为应当靠市场机制来发展经济，并且它承认个人的独立利益。而且股份公司发展的基础是承认股东、经营者等独立的不同利益以及上述关系人之间平等的独立的市场交易。更进一步说，这种社会主义还是以公有制为主体的，尽管股份制来源于资本主义社会，但社会主义也可以利用它。

第二，股权与所有制关系密切，从法律角度看，作为法律权利它包括占有权、使用权、收益权等权利。但我们从实践中也逐步认识到了：股权不是完整的所有权，股份公司的财产是独立的法人财产，股东按股份共有，任何一个股东不能单独处置公司的财产和收益，所以，绝不能从是否存在私人股权来判断公司的所有制性质。因此在这里应特殊强调，判断股份公司是私有制的还是公有制的性质，主要还是看：（1）股权在谁手中；（2）股东之间的关系如何；（3）谁在实际控制公司。

当股权被私人大资本家控制时，可以认为公司是私有制的。股份公司制度使得个别小股东不能控制公司，也就无法占有体现为公司财产的生产资料。当公司股份主要被国家或法人控制时，即使存在持有高比例股份的个人大股东，公司的所有制性质仍主要根据国家或法人性质而定。当股份公司的主要持股者是公有制的法人企业和代表普通国民利益的投资机构（如保险基金、信托基金等），可以认为公司是公有制企业。当股份公司中存在部分私有及控制，而主要是以公有制为主体的股份公司，从总体上看也是公有制的。当集体所有制企业、股份合作制企业是公有制企业，那样的话，可以认为社会集团所有的股份公司也是公有制企业。

股份公司是我国现阶段公有制的实现形式之一，是我国公有制企业（或被称为国有企业）改革及制度创新的方向。前面谈到看股份公司是公有还是私有，关键看控股权掌握在什么人手中。国家和集体控股具有明显的公有性，有利于扩大公有资本的支配范围，有利于增强公有制的主体地位。

股份制成为公有制的主要实现形式对于生产力的发展具有积极意义：

一是适应于社会化大生产。由于实行有限责任制和发行股票，企业的经营风险可以相对减轻和分散，因此有利于大规模地筹措资金，聚集社会闲散资金投入生产经营活动，促进经济发展。

二是有利于企业效率的提高。法人财产制度使国家作为股份制企业的最终所有者虽然拥有对企业财产获取收益的权利和对投资的选择权，但是却不能直接干预企业经营活动，这就从财产组织制度上保证了政企分开和企业的经营自主权，因而有利于企业效率的提高。

三是有利于提高产权配置效率。实行股份制可以使国家从企业经营的微观活动中退出来，同时作为国有资产的最终所有者实现其保值增值的职责，从而可以通过资本市场的投资活动提高国有财产产权的配置效率。

然而实践证明，涉及国计民生的企业如银行、交通、邮电、铁路、民航等部门应实行以国家控股为特点的股份制改造。从改革方向上看，应特殊提到以下几点：

第一，国家控股不一定就等于国家股本占51%以上。在实行股份制初期，采取的国家控股的办法就是绝对控股，国家的股本一定要占51%以上。主要是对极少数非国家独家所有、独家经营不可的特殊企业，主要是涉及到国家主权、国家安全、特种产品生产的企业、非常重要的军工企业、非常重要的高科企业，实行国有国营，国家绝对控股。随着实践的发展，从国家绝对控股实际已经发展成为相对控股，这也是今后改革的方向，需要我们不断去理论联系实际地研究。这种相对控股，就是根据股权额大小、股东数多少来决定控股比重。最后应提及的是"金"股控制。那就是在法律法规的支持下，用极少数的资本来实现最终的控制，它可以节约投资，保证国家对企业的最终控股权。举例可以说明：假如企业的股本是100%，国家占1%的股权作为特殊股，拥有最后决定权。平时国家对企业的生产经营活动不加任何干涉，只是当生产经营损害到国家利益，以及企业的重大生产经营活动决策时，国家可以最后行使否决权。这种以少控多的做法在西方称作"金"股控制，这1%股被叫作"黄金股"。

第二，国家控股不等于搞国家某个部门或某个生产领域的经营垄断。部门经营垄断在我国改革开放后的一段时间里有过，尽管有所发展，但发展的态势并不好，而且还走了很多的弯路，与国外相比，无论是高科技的信息高速公路的建设，还是民用邮政电讯业的发展都还有一定的差距。当部门垄断被打破以后，引入竞争机制以后，就呈现出日新月异的感觉。

第三，国家控股并不等于政府都去直接经营，根据情况，可以搞委托经营、租赁经营、承包等形式来管好、用好国有资产。租赁是指整个企业租赁和固定资产租赁两种形式。不管是怎样的租赁形式，都是实行国有民营。

委托经营也叫托管，是指将负担过重、经济效益差、管理水平不高的企业委托给大企业或效益好、善于经营管理的企业、投资经营公司等。托管也可以是实行"一长两厂"，由优势企业厂长兼任企业厂长，原企业法人地位保留，人财物、产供销、党工群由优势企业统一高度管理，或划为小核算单位，实行"一厂多制"。承包是继续采取国有独资企业将企业承包给个人或集体经营。承的主要指标是国有资产的保值增值。有的企业还实行双层承包，即企业对国家承包，车间、班组对企业承包，每个承包层次实行分级核算，由企业这个承包层次统一纳税。

综上所述，实践证明国有企业实行股份制，有利于实现出资者所有权、法人财产权和企业经营权的三权分离，能促进企业转换机制；有利于国有资产的流动和重组，并吸收社会资金，增强企业的活力和实力；有利于促进企业提高经营管理水平，提高资本的运作效率。

党的十五届四中全会通过的《中共中央关于国有企业改革和发展重大历史问题的决定》（以下简称《决定》）又专门提出了发展混合所有制经济问题，本文前面涉及并论述了国家控股和参股问题就属于这一命题，它把十五大提出的公有制实现形式多样化更加具体化、明晰化。《决定》当中明确、精练阐述了混合所有制的积极作用：国有资本通过股份制可以吸引和组织更多的社会资本，放大国有资本的功能，提高国有经济的控制力、影响力和带动力。

混合所有制产生的基本原因是市场经济运行客观规律所要求的资本的可流动性和可交易性，以及由此为投资者提供的通过资本市场进入或退出经营领域的选择自由。混合所有制在横向上表现为公司股权结构由不同出资者入股所形成的多元化；在纵向上表现为同一出资者为实现特定目标的最大化，对不同企业和经营领域扩散式的持股结构。国有企业经过改制以后，由于"新"股东的进入和直接融资机制的加强，必然形成这种纵横交错和多元重叠的混合所有制。

建立和实现混合所有制，可以以多种形式的公有制经济为主体，并通过其在不同行业和不同企业中股权结构的变化和组合，保证公有制经济对整个国民经济的控制。实现混合所有制，它将在产业结构上表现出明显的集中与分散、单一和多元并存的格局。其发展趋势将呈现出：在垄断性、公益性及高风险性的新兴行业中，国有经济可以在相当一个时期仍占主要份额；而大部分竞争行业中，必将出现国有经济与非国有经济，以及公有制经济为主体、各种所有制经济相互融合，你中有我、我中有你的股权结构。

第二节　股份合作经济

改革开放以来，我国的公有制形式出现了许多新的变化，一些新的公有制形式正在涌现。

党的十五大报告中对股份合作制这样阐述："股份合作制经济的特征是劳动联合和资本联合相结合的兼有股份制和合作制特点的企业组织形式。"股份合作制是我国城乡经济体制改革过程中涌现出来的，是合作经济的新发展。

股份合作制企业最早出现于20世纪80年代初期我国的乡镇企业中，80年代后期逐步引入到城市集体企业和国有小型企业改革中来，后又进入到农业领域。股份合作制经济是多种多样的、极其复杂的。在现有的股份合作制经济的股权结构中，有职工个股、乡村集体股、国家股、社团法人股等，各类股权比重并不相同，参股职工的股权数量也不尽相同，有的差距还很大。

股份合作制经济的基本特点有：（1）自愿组织，全员入股。新老职工都要认购一定数量的股份，他既是企业的劳动者，同时又是企业的股东，实现劳动联合和资本联合的有机结合；（2）实行按劳分配与按股份分红相结合的分配方式，分配的对象是缴纳税金和提取公共积累后的利润；（3）实行民主管理，职工代表大会与股东大会并存。股东大会行使表决权时，实行一人一票制，而不像股份制那样一股一票制；（4）企业要以其财产对外承担民事责任，企业要实行有限责任制。这就要求企业必须有一定比例的属于职工集体所有的财产，如果没有共同所有的财产，股份合作制度与私人股份制没有区别。

随着改革的深化，股份合作制在农村也迅速发展，普及开来，引起了农村经济组织形式和经营方式的创新，从而推动了农村产权制度变革。农村目前发展的股份合作制形式可谓多种多样，概括起来主要有：（1）土地使用权入股。把土地使用权折成股份进行股份合作，这样有助于保护和合理利用土地，促进土地产权流动。（2）技术参股。一些股份合作社是在企业和社区内外，广泛吸引科技单位和科技人员，实行技术参股。（3）劳动义务工、积累工计股，并按股分红。（4）吸收社会股。农村股份合作制最先在乡镇企业发展，通过创办股份合作企业，既保持了"船小掉头快"的优势，同时又增加了"船大顶风浪"的实力。有了这样的基础，股份合作开始由乡镇企业向农林牧渔扩展；由集体所有制向多种所有制扩展，部分小型国有企业改向股份合作经营，一些个体企业和私营企业也采取股份合作形式；并由资产股份化向土地等生产要素股份化扩展，由社区股份合作向跨区股份合作扩展。

我国现阶段的股份合作制经济正方兴未艾，其根本原因在于：股份合作制经济能够迅速集聚资金，缓解企业资金的投入不足；又可以此明确企业产权关系，确立投资主体，有效地转换企业经营机制，落实资产责任；有利于调动企业职工的积极性，提高企业凝聚力和市场竞争力。正像十五大报告中所指出的："目前城乡大量出现的多种多样的股份合作制经济，是改革中的新事物，要支持和引导，不断总结经验，使之逐步完善。劳动者的劳动联合和劳动者的资本联合为主的集体经济，尤其要提倡和鼓励。"因为任何一种新制度的产生和巩固，需要社会各方面给以一定的支持，现在特别需要加以支持的是各种形式的合作经济。在政府有力的指导和支持下，股份合作制将会更加茁壮成长。

第三节　企业集团

企业集团是一群由企业和科研设计单位组织起来的较大规模的经济联合体，是现代企业在相互结合的基础上进行经营的一种形式。企业集团既可以是公有制经济的联合体，也可以是公有制经济和非公有制经济的联合体，还可以是非公有制经济的联合体。我们这里讲的是企业集团中的"国有成分和集体成分"，都是公有制经济的组成部分，因此这种企业集团也是公有制经济存在和实现的一种形式。

企业集团是社会化大生产和市场经济发展的产物。在商品经济条件下，随着竞争和发展的需要，必然会有一些企业逐步发展成为具有相当规模和实力的大公司甚至跨国公司，进行集团经营。

企业集团一般具有以下一些特征：（1）企业集团是由若干个独立企业组成的，集团成员都是具有法人资格的经济实体。集团既是一个法人联合体，它的核心层是具有法人资格的经济实体。（2）企业集团一般是一种规模较大的多层次结构的联合经济组织。它一般由几十个甚至几百个企业组成。（3）企业集团是一种多功能经济组织，它可以进行生产、流通、服务等多功能的经营活动。

在我国，企业集团发展的历史并不长，但已初步形成了一些不同的类型，但一般是以大型骨干企业或生产名优产品的企业为主体，在横向联合的基础上，组成生产、开发、经营、服务等综合型企业集团，如产品集团（以产品为核心组建的企业集团）、行业集团（以行业的几个大型骨干企业为核心、带动一批企业而组成的企业集团）、混合集团（以实力雄厚的大中型骨干企业为核心，联合相关行业企业、商业企业和科研单位，组成以生产为主，同时开展多种经营活动的企业集团）、职能集团（以不同部门的设计、科研单位或

第三产业部门的企业组成的以提供某些服务为内容的企业集团）等。发展企业集团，必须使企业集团向多向联系纽带方向发展，向多样化经营方向发展，向外向型方向发展，向纵横方向发展，向科学型、财团型方向发展。而且，发展企业财团必须具备下面两个条件：一是科技开发，以增强产品开发、更新能力和市场竞争能力的基础；二是资金融通，资金是企业集团运行的"血液"，是科技开发的坚强后盾，二者是推动企业集团不断向前发展的决定性条件。

综上所述，组建企业集团（包括公有制经济实现形式那一部分），发展企业集团，将有利于促进企业组织结构和产业、产品结构调整，提高专业化水平和规模经济效益；将有利于推动生产要素合理流动，实现企业间的优势互补，减少重复投资和重复建设，充分发挥现有生产能力；将有利于促进科研、生产、销售、服务一体化，提高企业对市场的应变能力和技术创新能力，开发新产品，不断开拓市场，尤其是提高企业在国际市场上的竞争能力。

总之，在社会主义的发展进程中，为了实现我国社会主义初级阶段的公有制为主体、多种所有制经济共同发展的基本经济制度，除了发展公有制经济以外，必须不断探讨、摸索并找到能够极大促进生产力发展的公有制实现形式，公有制的实现形式是相对于公有制的实质而言的。社会主义公有制的实质是不变的，它是为全体人民的整体利益或为部分劳动群众的集体利益服务的所有制。公有制的实现形式可以而且应当多样化，这是确凿无疑的，因为一切反映社会化生产规律的经营方式和组织方式都可以大胆利用，最终要达到解放思想，调动各方面的积极性，充分利用社会资源，寻找能够极大促进生产力发展的公有制实现形式。

第六章　中国特色社会主义的
非公有制经济

　　我国社会主义初级阶段的生产资料所有制除了公有制形式外，还存在非公有制形式。当前，我国社会主义初级阶段实行的是以公有制为主体、多种所有制形式共同发展的所有制结构，也就是既要积极发展壮大公有制经济，又要鼓励支持和引导非公有制经济的发展。之所以这样做，是由生产关系一定要适合生产力发展状况的规律决定的，是由我国的生产力状况和其他经济条件决定的，具有客观必然性。我国原来是一个半殖民地半封建性质的国家，生产力十分落后，我国进入社会主义社会之后，虽然为生产力的发展开辟了广阔的道路，生产力获得了很大发展，但生产力总的水平仍然很低，特别是在部门、地区之间发展很不平衡。同时，生产力发展水平又呈现多层次，既有高度社会化的生产和经营，又有中等社会化的生产和经营，甚至有社会化程度很低的生产和经营；既有技术水平和自动化水平比较高的大机器生产，又有半机械化、半手工操作的生产，还有落后的手工劳动方式的生产，因此，针对我国社会主义初级阶段的生产力现状，除了建立国家所有制以外，还必须根据生产力的具体情况建立其他的所有制。

第一节　中国社会主义初级阶段的非公有制形式

中国社会主义初级阶段的非公有制形式主要有：个体经济、私营经济、外资经济等。

一、个体经济

个体所有制是指生产资料归劳动者个人所有，并由劳动者个人及其家庭成员直接支配和使用的一种私有制形式。在我国现阶段，个体所有制经济主要存在于城乡的工业、农业、商业、交通运输业和服务行业中，它是同我国现阶段生产力水平比较低下、使用手工工具进行手工操作和分散经营相适应的一种所有制形式。我国现阶段存在的个体所有制经济主要是改革开放以后发展起来的。在改革开放之前，我国对个体所有制经济实际采取了逐步加以消灭的政策。改革开放后，国家调整了对个体经济的政策，允许其存在和发展，从而使个体经济迅速恢复发展起来。改革开放以来，我国个体经济呈现出持续快速发展的态势。特别是近十年间，全国个体工商户年均增长率稳定在4.4%，私营企业年均增长率达15.5%。截至2012年9月底，全国个体工商户3984.7万户、从业人员8454.7万人，私营企业1059.83万户、从业人员1.1亿人。

个体经济是一种古老的经济形式，在历史上它从未成为独立的生产方式，它总是依附于占统治地位的所有制关系并受其影响和制约。个体经济从原始公社瓦解时期就产生了，手工工具与手工劳动是个体经济产生和发展的一般物质基础。而现代社会生产力的发展证明，只要个体劳动者及其家庭的劳动尚能容纳和促进生产力发展，就会有个体劳动方式的存在，并在某些行业占相当的比重。而且在社会主义条件下，个体经济是与社会主义公有制经济相联系并从属于社会主义公有制经济，为之服务的。而且我国目前生产力发展极不平衡，存在不同层次的生产力，因此适应不同生产力发展阶段，必然有不同所有制经济成分同时存在。

个体经济就其本质来说，是私有性质的非社会主义经济，社会主义个体经济是以生产资料个人私有为基础的，个体经济的经营方向、经营方式和经营积极性的高低，仍然取决于个体劳动者本人的物质利益。因此，个体经济的经营活动必然会带有一定的自发的逐利性，国家可以通过经济的、行政的和法律的手段，加强对其管理和监督，防止其消极作用的发生。

我国现阶段的个体经济包括个体工业、手工业、运输业、商业、饮食业、修理服务业等。随着科学技术的发展，又出现了为生产、科研服务的技术设计、咨询等个体经营者。而且我国现阶段的个体经济已经不完全以手工工具和手工劳动为基础，有的个体经济已开始采用不同程度的机械化、自动化劳动手段，越来越趋向于以现代化技术为基础，其生产规模和效率也是传统个体经济无法比拟的，现代社会赋予个体经济新的生产力。从经营情况看，个体经济与后面将谈到的私营经济一起，不断持续发展，产业档次不断升级，经营规模越来越大，产品种类和质量大为提高，特别是在沿海发达地区，他们的产品具备了打入国际市场的能力，有的则与国际大公司展开竞争，而且他们人员构成中也增加了许多科技人员、归国留学生，人员文化素质有较大的提高。

个体经济具有规模小、分散经营、工具简单、主要依靠手工劳动等特点。在我国当前的生产力状况下，个体经济的生产经营活动，能更好地节约劳动，方便群众的生活，从多方面满足群众的需要，而且还可以增加国家财政收入，积累资金和安排就业。可见，个体经济所起的作用，在一定时期之内，是社会主义公有制经济所不能取代的。个体经济在许多社会形态中都存在，它是一种依附于一定社会中占主导地位的经济形式的补充经济形式，可以为不同的社会经济发展服务。在社会主义公有制占主体地位的社会主义制度下，个体经济可以为社会主义经济的发展服务。因此，国家应鼓励个体经济在政策允许范围内进一步发展。

二、私营经济

私营经济是指企业资产属于私人所有、存在雇佣劳动关系的私有制经济，从本质上说，它是资本主义性质的经济。在社会主义初级阶段，在发展商品经济过程中，私营经济的存在和适当发展是必要的。它有利于促进生产的发展，活跃市场，扩大就业，更好地满足劳动者的物质文化生活需要，国家应保护其合法权益，鼓励它在国家政策允许的范围内有一定的发展。在我国现阶段，私营经济虽然是具有资本主义性质和特点的经济成分，但是，在公有制经济占优势的条件下，它不仅受到公有制经济的影响和约束，而且受国家的控制和调节，因而它有别于一般资本主义经济，并能够成为社会主义经济的有益的补充。

我国现阶段的私营经济主要是在改革开放以后迅猛发展起来。我国私营经济成长的途径主要有两条：一是在个体经济发展的基础上形成的；一是由那些不适宜于继续实行公有制的企业转化而来的，如有些中小型公有企业被拍卖而转化为私营企业等。与个体经济相比，私营经济的生产经营规模、技术层次以及社会化程度都要高出很多，私营经济的存在同样也是由我国的生产力状况决定的。总的来看，私营经济的存在和发展对我国国民经济的发展有积极的促进作用，尤其是通过竞争有助于激发公有制经济的活力。但也不可忽视私营经济的发展所带来的一些消极因素，因此，国家对私营经济应本着兴利除弊的原则，有效地发挥它的积极作用，同时要加强对私营企业的生产经营活动的指导、监督和管理，通过经济立法和加强管理给以必要的调节，限制其不利于社会主义经济发展的消极方面，引导其健康地发展。

私营经济是以生产资料私有制为基础的存在雇佣劳动关系的经济成分，是以获取利润为目的的一种经济形式，它在本质上属于特殊性质的资本主义经济。说其特殊，是指它不同于资本主义国家的私营资本主义经济，是受社会主义国家管理并受社会主义公有制经济制约的经济形式。在我国现阶段存在私营经济是一种必然。因为个体经济发展到一定程度，必然会引起雇工现象的发生，从而变化为私营经济，这是一种质的变化。再加上在我国目前，公有制经济还不能把一切生产要素全都组织起来，纳入自己门下，而私营经济的存在，在某种程度上它可以适应社会需要，把资本、技术、劳力结合起来，形成新的生产力，起到促进生产、活跃市场、扩大劳动就业、更好地满足人民物质和精神生活需要的积极作用。所以，私营经济也是社会主义市场经济的重要组成部分，在我国社会主义初级阶段的经济发展中发挥了多方面的积极作用。我国现阶段私营经济和资本主义国家的私营经济有着本质的区别，它有以下几个显著的特点：

第一，在社会主义公有制经济占主体的条件下，私营经济同公有制经济相联系，并受到公有制经济的巨大影响和约束。

第二，在私营经济中，劳动者同雇主之间存在着雇佣关系，但劳动者作为国家主人翁的地位并未改变，劳动者的合法权益要受到国家的保护。

第三，私营经济要接受社会主义国家的政策、法律与工商行政管理部门的监督、管理和调节。因为私营经济毕竟有其自发性和盲目性的一面，所以国家在制定有关私营经济的政策和法律，在保护其合法权利和权益的同时，要加强对它的引导和约束，进行监督和管理，要兴利抑弊、逐步引导，使之在有利于社会主义国民经济发展的前提下发挥作用。

改革开放三十多年的实践证明，个体及私营经济的发展，对整个国民经济和社会发展都起到了重要的作用。主要表现在以下几个方面：

第一，活跃了城乡经济，方便了居民生活。个体、私营经济的发展打破了计划经济中僵硬的运行机制，使城乡经济更加活跃，提高了人们的商品经济观念，促进了商品流通，方便了人民群众的生活。

第二，集聚社会上的闲散资金开展个体、私营经济，增强了社会生产力。个体及私营经济大多数是自筹资金和合伙集资创办，并在经营中积累发展壮大起来的，节省了国家投资。同时另一方面也应清醒地看到，闲散资金用于发展个体、私营经济，有利于减少个人的现实消费，将消费基金变成了生产基金，减轻了消费需求过旺的压力，增加了社会生产力。

第三，吸纳安置大批人员就业，极大地促进了社会稳定。个体及私营经济的发展，使大批失业、下岗及社会闲散人员得到了就业的机会，减少了社会不稳定因素。同时，个体及私营经济还吸纳了大批从农业经营中游离出来的农业富余人员。

第四，大力发展了第三产业，优化了产业结构。个体及私营企业在我国第三产业的发展进程中，发挥了重要的作用，无论是在个体商业、餐饮、服务业的网点数以及从业人员数，都是令人惊叹的，它们发挥了国有企业难以发挥的作用。优化产业结构以农村为例，改变了农村单一的产业结构，使其向着以工补农、以商补农、农工商一体化的方向发展，使过去传统的农民家庭内部的自然分工向社会专业化迈进，促进了农村产业结构和产品结构的调整。

第五，个体及私营经济的发展，促进了市场竞争，进一步推动了国有企业的改革。个体及私营经济服务热情、营业时间长、经营方式灵活、对市场反应敏捷，它们打破了原来某些行业中国有企业独家经营的状况，它们与国有企业展开了市场竞争，从而促进了国有企业的改革进程。同时，个体及私营经济对国有企业在产权制度改革过程中，通过与之相互兼并、参股，优化了资本结构和生产要素的合理配置。

当然，个体及私营经济对整个国民经济和社会发展的作用还可以概括出很多，如培育集贸市场，加速城市化进程；带动贫困地区脱贫致富，有利于缩小区域之间发展的差距；有利于促进城乡二元结构的整合；有利于锻炼和造就一大批善于经营和谋划的民间企业家和经营人才；有利于使人的自尊、自主、自立、自强的本性获得回归和认知，促进传统观念的更新和现代观念的建立和发展等。由此可以看出，个体及私营经济已经成长为同公有制经济平等竞争、并驾齐驱、共同发展的一支生力军。

三、外资经济

社会主义制度下的国家资本主义，是指社会主义国家"能够加以限制、能够规定其范围的资本主义"。我国现阶段的国家资本主义主要有三种形式：（1）中外合资经营企业。这种形式是由中外双方投资主体共同投资建立起来的，根据双方出资比例确定双方的权益和责任，利润分享，风险共担。（2）中外合作经营企业。这种形式中，合营双方都提供一定的投入要素，按照双方都能接受的条件达成协议，兴办企业，合作经营，并根据协议确定双方的投入、权责和收益分配比例。（3）外商独资企业。它是由外国和港、澳、台的商户或个人单独投资、独立经营、自负盈亏的企业。上述三种国家资本主义的形式，在我国又被简称为"三资"企业。"三资"企业都是根据我国法律，按平等互利原则，经我国政府批准，尊重我国主权，接受我国政府监督和管理，在社会主义公有制经济的影响和制约下进行经营的，因而，它们在本质上都属于社会主义条件下的国家资本主义。

现阶段，我国国家资本主义的存在和发展，不仅有利于利用国外资金，缓解国内建设资金不足的矛盾，而且有利于创造更多的就业机会，促进我国劳动力资源的有效利用；不仅有利于我们引进外国的先进设备、先进技术和先进的管理方法，而且有利于促进我国技术水平和管理水平的提高；不仅有利于我国发展外向型经济、拓展国际市场，而且有利于提高我国资源开发和利用的能力。由此可见，这种经济的存在和适当发展，对于发展我国的社会主义经济有着重要的作用。但是，国家资本主义经济的一定发展，也会带来一些消极的东西，对此我们应有充分的认识，并采取措施尽可能地限制或减少其消极影响。

我国实行对外开放政策以后，外商来华投资不断增加，使外资经济得到了很大的发展。目前外资经济主要包括中外合资企业。中外合作经营企业和外商独资企业这几种重要的经济形式。中外合资企业及中外合作经营企业都是根据我国的法律、法规，按照平等互利的原则，经我国政府批准，由外国企业或其他经济组织、个人与我国企业或其他经济组织共同举办的合营企业。

具体说来，中外合资企业是指我国同外国的公司、企业和其他经济组织或个人共同投资创办的企业，其特点是按股份公司形式设立的"股权式"的合资企业，它们共同投资、共同管理、共负盈亏，盈利按股分成。

中外合作经营企业，则不一定按货币计算股权，也不一定按股权分配收益，而是按协议来确定投资方式，各方责权和收益分配比例，是一种"契约式"的合营。一般是外商出资本、设备，中方出土地和劳动力等合作创办，其特点是由合同规定双方的权利和义务，所获利润按比例分成。在合同期内，中方以一定比例的产出销售额偿还外商本息，合同期满后所有财产归中方所有。中外合营经济属于混合所有制经济，其中的国有成分和集体成分仍属于公有制经济。

外商独资企业是外国企业或其他经济组织、个人，遵照我国法律，经过我国政府批准，单独提供资本在我国境内开办的企业，其特点是外资企业租用我方土地，雇佣生产工人，按协议付给地租、租金、工资、水电等费用和地方政府管理费，独资投资、独资管理、自负盈亏。中外合资企业、中外合作经营企业和外资独营企业，简称"三资"企业。它们是我国在社会主义初级阶段，生产力水平参差不齐、管理水平较为落后、建设资金不足的状况下而出现和发展起来的一种经济形式，也是生产力社会化、国际化发展趋势的必然结果，将长期存在下去。但是，我们从辩证唯物主义和历史唯物主义的观点出发，实事求是地讲，我国到目前为止，所利用的外资，绝大多数是资本主义国家的投资，因此，外资企业中含有资本主义的成分。但从我国社会主义初级阶段的经济发展现状看，通过引进外资，发展外资经济，可以引进先进的外国生产技术，学习和借鉴外国的经营管理经验，这对于改变我国生产力和技术落后、资金缺乏、生产经营管理经验不足、扩大出口、增加外汇收入，以及安排劳动就业和改善人民生活等方面，都有积极的推动作用。

然而，我们对外商来华投资应有清醒的认识，其目的就是为了取得利润。为了吸引外资，我们一方面要给他们提供必要的方便和优惠条件，使其得到合理的利润，同时对外商及外资企业提供法律保护，维护其合法权益；另一方面，我们对外资经济也要积极引导，加强管理和监督，尤其对那些外商进行非法经营活动的，也要依法坚决打击和取缔。特别是在中国加入WTO以后，世界经济趋向一体化，我们应更好地抓住这个机遇，更好地利用外资和外国技术为中国的社会主义经济建设服务。

非公有制经济是我国社会主义市场经济的重要组成部分，它们对满足人们多样化的需要，增加就业，促进国民经济的发展，都有重要作用。就我国目前的情况看，除国家所有制经济以外，其他经济成分不是发展得太快，而是还很不够。对于城乡合作经济、个体经济、私营经济和国家资本主义经济，都要继续鼓励和引导它们的健康发展，以形成适应我国市场经济发展的所有制结构。

第二节　非公有制经济是社会主义市场经济的重要组成部分

在发展非公有制经济这一思想指导下，我们党制定了一系列方针、政策，逐步对原有的不合理的所有制结构进行了重大调整。非公有制经济是社会主义经济必要的有益的补充，是社会主义市场经济的重要组成部分，是长期为社会主义服务的。

一、非公有制经济存在发展的客观必然性

（一）我国的国情决定了必须发展非公有制经济

国情是指一个国家在一定历史时期的经济、政治、思想文化、自然和社会环境的基本情况，是一个含义广泛的概念。国情是认识的基础，是认识的源泉，是推动认识发展的重要动力。马克思主义理论离不开国情"土壤"，同样，中国发展非公有制经济思想也离不开中国的国情，必须坚持实事求是的思想路线，从中国实际出发。

邓小平在1978年12月召开的十一届三中全会上作了《解

放思想，实事求是，团结一致向前看》的主题报告，指出："实事求是，是无产阶级世界观的基础，是马克思主义的思想基础。过去我们搞革命所取得的一切胜利，是靠实事求是；现在我们要实现四个现代化，同样要靠实事求是。"他还指出，一个党，一个国家，一个民族，如果一切从本本出发，思想僵化，迷信盛行，那它就不能前进，它的生机就停止了，就要亡党亡国。

十一届三中全会以来，邓小平着眼于国情研究，把正确认识中国国情摆在建设有中国特色社会主义的首要地位。他指出："过去搞民主革命，要适合中国情况，走毛泽东开辟的农村包围城市的道路。现在搞建设，也要适合中国情况，走出一条中国式的现代化道路。"每个国家都有自己的情况和经历。在中国如何建设社会主义，必须把马克思列宁主义与中国国情结合起来，独立思考。正如1987年邓小平会见喀麦隆总统时所说："各国情况不同，政策也应该有区别。中国搞社会主义，强调要有中国的特色。我们坚信马克思主义，但马克思主义必须与中国实际相结合。""我们既不能照搬西方资本主义国家的做法，也不能照搬其他社会主义国家的做法。"十一届三中全会以来，党和国家根据我国国情，从实际出发，制定了一系列方针、政策，指导中国的社会主义建设。

我国仍然处在社会主义初级阶段，就是初级阶段的社会主义，邓小平指出："一切都要从这个实际出发，根据这个实际来制订规划。"这个科学论断既不是从马克思主义经典著作中抄来的，也不是从别国的现成模式中搬来的。而是邓小平科学分析当代中国国情得出的重要论断，这个论断有两层含义：从社会性质来说，肯定了我国已经是社会主义社会，必须坚持公有制作为社会主义经济制度的基础。任何偏离社会主义轨道的企图都是和社会主义性质不相容的。1985年3月邓小平指出："我们采用的所有开放、搞活、改革等方面的政策，目的都是为了发展社会主义经济。我们允许个体经济发展，允许中外合资经营和外资独营的企业发展，但是始终以社会主义公有制为主体。"从发展程度来说，我国的社会主义还处在初级阶段，就是不发达阶段，还很不成熟，很不完善。从生产力到生产关系，从经济基础到上层建筑，都与科学社会主义学说所预测的社会主义社会形态存在着很大的差距。只有全面地把握这两层含义，才能同"左"倾和右倾的两种错误倾向划清界限。

社会主义初级阶段论告诉我们，中国是一个经济文化落后，底子薄，商品经济不发达，自然经济、半自然经济占很大比重的国家。我们进行现代化建设，必须从商品经济不发达的客观实际出发，大力发展商品经济，决不能超越商品经济发展的自然历史阶段，在这个自然历史阶段，必须采取多种形式，发展多种经济成分，实行社会生产商品化，非公有制经济是社会主义初级阶段的必然产物。

（二）我国的生产力发展水平决定了必须发展非公有制经济

我国的生产力发展水平决定了我国必须发展非公有制经济，原因在于我国社会生产力发展水平偏低，不能满足国家和人民的物质需求。

第一，我国社会生产力发展水平总体上还比较低。我国的社会主义社会是在半殖民地半封建社会的基础上发展起来的，半殖民地半封建社会的政治、经济、文化和生产力都是十分落后的，而且生产力发展的起点很低。经过了几十年的经济建设和经济发展，我国的社会生产力总体水平得到了明显的提高，但是生产力的发展速度受到了长期的闭关自守的阻碍和"文化大革命"极左的影响，劳动生产率偏低。这种情势下，我国社会生产力总体发展水平依旧处于偏低的局面。

第二，我国的社会生产力发展水平呈现明显的多层次性。生产力水平比较低下的原始手工劳动、劳动者单独劳动和简单的协作劳动所占比重较大。现代化劳动的机械化和自动化没有完全发挥优势，依旧保留着原始的手工劳动；同时，社会化大生产和简单的协作劳动以及单独劳动同时存在。

第三，我国社会生产力的发展具有不平衡的特点。首先表现生产力发展在各个产业间和产业内部的不均衡；其次是生产力发展在各个地区和地区内部的不均衡。在我国边远地区，生产力发展水平还相对低下，经济发展水平相当落后，中西部地区经济发展明显滞后于东部地区。可以看出我国的社会生产力发展总体上相当落后并且伴随着极不平衡的特点。根据低水平、多层次、不平衡的生产力发展状况，根据生产关系一定要适合生产力状况的客观规律，在经济上，必须实行多种所有制经济，不能只实行单一的纯而又纯的公有制经济，要大力发展非公有制经济。

生产力发展水平偏低，决定了我国公有制经济的不发达，不发达的公有制经济不能完全适应社会化大生产的要求，不能在全国范围内各个地区和各个产业之间占据全部地位，所以，不发达的公有制经济满足不了复杂纷繁的社会经济发展需要，因此，必须大力发展非公有制经济。

目前，公有制经济还只能承担一部分社会生产经营活动和福利事业，还无力承担全社会范围内的全部生产经营活动和社会福利事业，其余的就只能靠非公有制经济发挥作用。对于消费区域性强、种类多、数量少的产品的生产经营活动，非公有制经济能够充分发挥其优势。所以，在社会经济的诸多方面，公有制经济和非公有制经济共同扮演着各自的角色，为我国经济建设和生产力发展作出了巨大贡献。

我国社会主义初级阶段必须发展非公有制经济，是由我国的基本国情和低水平、多层次、不平衡的生产力发展状况所决定的。正如邓小平指出：第一，不要离开现实和超越阶段采取一些"左"的办法，这样是搞不成社会主义的。我们过去就是吃"左"的亏。第二，不管你搞什么，一定要有利于发展生产力。总之，我们现在强调要按经济规律办事。

二、非公有制经济是社会主义市场经济重要组成部分

考察一种经济形式是社会主义还是资本主义，不能简单

地以公有还是私有、有无雇工等形式来判断。这是因为生产力的发展是一个渐进式过程，在一定的所有制关系中才能逐渐形成一种新的所有制形式，也只有在这个基础上新的所有制形式才能逐渐生长出来，所以，只有在社会生产关系总和的范围内，再研究所要考察的经济形式。在社会主义生产条件下，社会主义生产关系必然决定私有制经济的社会性质，必然要决定、影响着私有制经济的存在形式。

马克思在《〈政治经济学批判〉导言》中指出："在一切社会形式中都有一种一定的生产支配着其他一切生产的地位和影响，因而它的关系也支配着其他一切关系的地位和影响。这是一种普照的光，一切其他色彩都隐没其中，它使他们的特点变了样。"在社会主义初始阶段，这种普照的光就是公有制经济，在坚持公有制经济地位和影响下，把非公有制经济的活动可以纳入社会主义的轨道。在社会主义制度下的非公有制经济是为社会主义服务的。不可以将非公有制经济推向社会主义的对立面，这是一种错误的观念。

在社会主义改造完成后，我国原有的私营经济形式基本上被消灭了，改革开放后在个体经济发展的基础上，现阶段的私营经济逐渐成长起来。在社会主义经济引导下，这种私营经济是可以而且能够为社会主义服务的。从它产生的条件和从事私营经济的主体来看，这种私营经济是社会主义经济必要的有益补充，都和社会主义经济有着千丝万缕的联系。由邓小平主持起草的《关于建国以来党的若干历史问题的决议》中明确指出："一定范围的劳动者个体是公有制经济的必要补充。"

随着个体经济的日益发展，个体经济的作用日渐突出，邓小平对个体经济也给予进一步支持和肯定。党的十二大指出，个体经济在国家规定的范围内适当地发展，是"公有制经济的必要的、有益的补充"。这就在"必要补充"提法的基础上，又增加了"有益的"三个字。1982年12月五届人大五次会议通过的宪法，确定个体经济的合法地位，此后，党的中央全会和全国代表大会对这个提法又有了新发展。1984年十二届三中全会上通过的《中共中央关于经济体制改革的决定》第一次系统阐述了党在现阶段对发展个体经济的基本指导方针，指出"坚持多种经济形式和经营方式的共同发展，是我们长期的方针，是社会主义前进的需要"。十二届三中全会把非公有制经济的覆盖范围拓展到外资经济，并指出外资经济是我国社会主义经济必要的有益的补充。早在

1980年邓小平就说过"吸收外国资金、外国技术，甚至包括外国在中国建厂，可以作为我们发展社会主义社会生产力的补充"。

1987年11月，中共十三大明确提出鼓励发展个体经济、私营经济的方针。1988年4月，七届人大一次会议通过宪法修正案，确定了私营经济的法律地位和经济地位。宪法第十一条增加了"国家允许私营经济在法律规定的范围内存在和发展。私营经济是社会主义公有制经济的补充。国家保护私营经济的合法权利和利益，对私营经济实行引导、监督和管理"的条文。

1992年12月十四大明确了中国经济体制改革的目标是建立社会主义市场经济体制，并提出要以公有制包括全民所有制和集体所有制为主体，个体经济、私营经济、外资经济为补充，多种经济成分长期共同发展。1997年9月十五大确立"以公有制为主体、多种所有制经济共同发展，是中国社会主义初级阶段的一项基本经济制度"，确认"非公有制经济是中国社会主义市场经济的重要组成部分。对个体、私营等非公有制经济要继续鼓励、引导，使之健康发展"。

我国的外商独资经济是一种特殊的社会主义经济和资

本主义经济的联合，是在国家管理下的资本主义经济，是社会主义条件下的国家资本主义经济，属于我国非公有制经济的范畴。外商独资经济是社会主义经济必要的补充，对于弥补我国技术、资金不足，自然资源开发利用，发展我国经济起着积极的作用，外商独资经济不会改变我国的社会主义性质。这正如邓小平所说："社会主义的经济基础很大，吸收上百亿、上千亿外资，冲击不了这个基础。吸收外国资金肯定可以作为我国社会主义建设的重要补充，今天看来可以说是不可缺的补充。"

由此可以看出，无论是外商独资或者中外合资等形式的非公有制经济都是社会主义经济的有益补充，都会受到我国整个政治和经济条件的制约，都是为社会主义服务的。可见，社会主义条件下和资本主义条件下的私有制经济是不同的。社会主义的私有制经济，是生产资料归私人所有由个人支配的经济成分，但前提必须是坚持社会主义公有制为主体。社会主义的私有经济在遵守国家政策和法律法规的前提下存在，主要包括个体经济、私营经济和外商独资经济。在公有制占主体地位的社会主义社会，非公有制经济是公有制经济的必要的、有益的补充。

非公有制经济是为社会主义服务的，在社会经济中发挥着重要的作用。第一，它可以增加就业机会，减轻国家压力，促进安定团结。我国是一个人口众多的国家，每年新劳动力处于待业状态严重，同时由于产业结构的调整，企业的生产方式在由粗放型向集约型、劳动密集型向技术密集型的转变，国企下岗职工人数较多，完全依靠公有制经济来解决就业问题已经不可能，这样只能依靠个体、私营等非公有制经济来解决部分就业压力。第二，有利于繁荣市场，满足人民群众的各种特殊需要。在这方面，非公有制经济发挥着其他经济无法替代的作用。第三，有利于增加各级政府的财政税收，成为许多地方新的经济增长点，成为振兴地方经济的重要途径。第四，它是建立社会主义市场经济的需要。这是因为市场经济不是对商品经济的否定，而是以商品经济充分发展为基础的，而商品经济又是以承认各经济实体对生产条件的独立占有为前提的。这些经济实体不仅包括全民所有制和集体所有制，还应包括个体经济、私营经济和外资经济等。如果没有非公有制经济的存在，也就没有市场经济。

十五大报告指出："非公有制经济是我国社会主义市场经济的重要组成部分。"只有大力发展非公有制经济，才能促进社会主义市场经济的早日形成。可见，社会主义制度下非公有制经济已成为公有制经济必要的、有益的补充，是为社会主义服务的，在社会经济中发挥重要作用，一切有利于社会生产力的发展，有利于增强国家的综合实力，有利于提高人民生活水平的所有制形式，都是有利于发展社会主义事业和符合人民根本利益的，都是可以而且应该用来为社会主义服务的。非公有制经济是服务于公有制，并受其制约的。

三、公有制为主体，多种经济成分共同发展是长期不变的方针

在奴隶社会、封建社会、资本主义社会中，私有制都居于主体地位，只是到了社会主义社会，才从统治地位跌落下来，由公有制取而代之。早在《共产党宣言》中，马克思、恩格斯就郑重地向全世界宣布："共产主义的特征并不是要废除一般的所有制，而是要废除资产阶级的所有制。"马克思、恩格斯讲的废除资产阶级的所有制的任务我们早已完成了，废除一般的所有制的任务的条件还有待具备，即废除不是建立在阶级对立上面的非公有制经济，这个条件从根本上说就是高度发达的社会化生产力，在这个条件实现之前私有

制是绝对不会消失的。就是说在高度发达的社会化生产力没有形成之前，私有制还不能完全消失。正如马克思在《〈政治经济学批判〉导言》中所说："人类始终只提出自己能够解决的任务：因为只要仔细考察就可以发现，任务本身，只有在解决它的物质条件已经存在或者至少是形成过程中的时候才会产生。"私有制的消失只有在它消失的物质条件形成的时候才有可能，目前我国的国情离这个条件还差得很远，因而还必须长期存在私有制。

十一届三中全会后，邓小平在深刻总结历史经验的基础上，根据生产关系一定要符合生产力的客观规律，制定了以公有制为主体、多种经济成分共同发展的方针，这是一个长期不变的方针。根据邓小平发展非公有制经济思想，1981年10月17日，中共中央、国务院颁发《关于广开门路、搞活经济、解决城镇就业问题的若干决定》，第一次提出多种经济成分和多种经营形式长期并存的战略决策决定指出，在公有制占优势的前提下，"实行多种经济形式和多种经营方式长期并存，是我党一项战略决策，决不是一种权宜之计"。这表明我党发展多种经济形式不是权宜之计，而是为了更好地促进整个国民经济的发展。

1984年10月邓小平指出："我们要向世界说明，我们现在制定的这些方针、政策、战略，谁也变不了。因为实践证明现在的政策是正确的，是行之有效的。""改变现在的政策，国家要受损失，人民要受损失，人民不会赞成。"

事实也如此，非公有制经济的发展，在解放和发展社会生产力，完善所有制结构，繁荣区域经济，吸纳劳动力就业等方面，都发挥了十分重要的作用。要改变它，我国的经济发展就会受挫。"所以，从我们自己的实践看，不但我们这一代不能变，下一代，下几代，都不能变，变不了。"如果政策对，能推动社会主义生产力发展，使人民生活逐步好起来，这种政策本身就说明是正确的，就保证了它的连续性和不变性。公有制为主体，多种经济成分共同发展的方针促进了整个国民经济的发展，提高了人民的生活水平，因而是正确的，是连续的，是长期不变的。正如1992年1月邓小平所说："在这短短的十几年内，我们的国家发展得这么快，使人民高兴，世界瞩目，这就足以证明三中全会以来路线、方针、政策的正确性，谁想变也变不了。"这就包括以公有制为主体，多种经济成分共同发展的方针不变。

1992年党的十四大根据邓小平南方谈话的精神指出：

"在所有制结构上，以公有制包括全民所有制和集体所有制为主体，个体经济、私营经济、外资经济为补充，多种经济成分长期共同发展，不同经济成分还可以自愿实行多种形式的联合经营。"随着非公有制经济在整个社会经济中的地位和作用日益突出，到十五大时，对非公有制经济的认识又提高到一个新的水平。十五大报告指出："公有制为主体，多种所有制经济共同发展，是我国社会主义初级阶段的一项基本经济制度。"这表明，多种所有制经济共同发展，是党和国家的长期方针，为非公有制经济的发展展示了新的发展前景。

总之，在公有制为主体的前提下，让非公有制经济长期存在于我国的经济生活中，作为社会主义市场经济的一个重要组成部分，是符合我国国情的，对非公有制经济应继续鼓励、引导和适当调节，使之健康发展。

第七章　中国特色社会主义的分配制度

第一节　按劳分配与按生产要素分配相结合

一、坚持按劳分配的主体地位

在多种分配方式中，必须坚持按劳分配的主体地位。这是因为在社会主义初级阶段，公有制在所有制结构中居主体地位，在国民经济中占绝对优势，支配着国民经济的命脉。因此，与这种主体所有制形式相适应的分配方式——按劳分配，也就必然成为我国现阶段分配方式的主体。

按劳分配的主体地位包含四层含义：一是在整个社会收入分配中按劳分配是主体。在全社会范围内，虽然存在多种分配方式，但由于在国民经济中公有制的资产占主要部分，在公有制经济中就业的劳动者占多数，因此，按劳分配在所有分配方式中必然居于主体地位。二是公有制企业中，按劳分配是基本的收入分配方式。公有制企业中的个人收入分配存在多种分配方式，除了按劳分配以外，还存在着其他分配方式，如股息和公司债券利益分配、经营分配，以及按资本、技术等生产要素进行的分配。但在企业劳动者的收入中，体现公有制性质的按劳分配依然占较大比重，从其他非按劳分配形式中获得的收入只是补充。三是劳动者的个人收入主要依靠按劳分配取得。劳动者的个人收入中还有一部分非劳动收入，如股息、债券利息收入等。但劳动者购买股票和债券的资金来源于劳动者的劳动收入，它所带来的非劳动收入只是全部收入中的一部分。四是公有制企业劳动者按劳分配的收入量，是其他所有制形式下劳动者以及非生产部门劳动者的收入水平的参照标准。也就是说，必须以按劳分配收入量的平均水平为基础，来确定其他劳动者的收入标准，并制定相应的个人收入调节制度。所以，坚持按劳分配为主体、多种分配方式并存，是我国社会主义市场经济条件下长期坚持的个人收入分配制度和分配方式。

按劳分配在多种分配方式中的主体地位，是因为社会主义公有制在我国的所有制结构中占据主体地位，而按劳分配的建立基础是社会主义公有制。因此，公有制经济实现的程度和范围，决定了"按劳分配为主体"的实现程度，公有制经济的范围越大，公有化程度越高，"按劳分配为主体"也就相应地体现得越充分。

必须毫不动摇地坚持公有制经济在多种所有制经济中的主体地位，是坚持按劳分配的经济制度的基础和前提条件。坚持按劳分配的主体地位，就必须毫不动摇地坚持公有制经济的主体地位，否则，按劳分配在多种分配方式中的主体地位就会动摇。然而，通过实践我们知道：人们的主观愿望并不能够决定公有制经济范围的大小和公有化程度的高低，而只能是由社会生产力的发展水平所决定。另一个角度来说，人们的主观愿望也决定不了"按劳分配为主体"的实现程度，同样也只是由社会生产力的发展水平所决定。如果一味地过分追求按劳分配的主体地位和公有化的程度，脱离了生产力水平的实际状况，那是违背经济发展规律的。我国建国后的历史已经深刻地说明了这一点。

在多种分配方式并存的情况下，坚持按劳分配的主体地位具有十分重要的意义。

第一，它是巩固社会主义公有制主体地位的保证。按劳分配的主体地位是社会主义公有制经济主体地位的客观要求，同时，社会主义公有制只是通过按劳分配把国家、集体和个人三者利益结合起来，才能在经济上最后实现。如果否定或削弱按劳分配原则在我国现阶段分配方式中的主体地位，就必然会损害与削弱社会主义公有制经济的主体地位。

第二，它是实现社会主义共同富裕目标的基础。社会主义的目标是逐步实现共同富裕，而这一目标的实现又必须以生产资料公有制和实现按劳分配为前提。如果改变了社会收入分配中按劳分配的主体地位，就会出现两极分化，不利于共同富裕目标的实现。

在坚持按劳分配主体地位的同时，也必须充分发挥其他分配方式的作用。因为非按劳分配的多种分配方式有利于社会主义社会生产力的发展。随着我国社会主义市场经济体制的建立和完善，多种分配方式有进一步发展的趋势。

二、多种分配方式并存

按生产要素分配，并不是限于非公有生产要素参与分配，而是公有生产要素同样要参与分配，而且主要是公有生产要素参与生产要素分配。

在社会主义市场经济条件下，经济主体依然是公有制经济，非公有制经济只是作为社会主义市场经济的重要组成部分。公有生产要素参与分配主要原因在于公有制经济单位对主要生产要素的占有和支配。参与分配的公有生产要素包括：政府部门、国有经济和集体经济等单位的公有资产所有权或占有权；凭自己占有的有利设备、生产资源等生产条件取得的级差收益；出租或让渡土地、矿山、企业等所得的地租、租金等收益；向企业投资入股、购买债券、把货币存入银行等所得的股利、债息、利息等收益等。公有生产要素参与收入分配，必然有利于社会主义公有制的经济实力增强、按劳分配的实现和共同富裕目标的达成。

不仅仅公有生产要素参与分配，非公有生产要素同样也要参与收入分配。参与分配的非公有生产要素包括：劳动者个人在银行存款、投资入股所得利息、购买债券、债息、股利，私人企业主所得利润，外资企业中外商所得利润等。我国社会主义处于初级阶段，私营和外资企业的资本所有者实行按生产要素分配，不可避免地会获取一定的剥削收入，所以我们要依法保护个人财产的所有权和合法的财产收益。按生产要素分配，有利于生产要素资源的充分利用，市场配置资源效率的显著提高。

在社会主义初级阶段和社会主义市场经济条件下，实行按劳分配和按生产要素分配，二者相互补充和促进，对我国社会经济发展起着促进作用。

第二节　确立社会主义初级阶段分配制度的依据

在党的十六大的报告中明确提出：要确立劳动、资本、技术和管理等生产要素按贡献参与分配的原则，完善按劳分配为主体、多种分配方式并存的分配制度。坚持和完善以按劳分配为主体，多种分配方式并存的分配制度，是我国社会主义初级阶段应该坚持的基本分配制度，这是由我国现阶段客观经济条件决定的。

第一，以公有制为主体的多种所有制并存的所有制结构决定了多种分配方式的存在。我国现阶段生产力总体水平低、发展不平衡，这就决定了我国现阶段的所有制结构是公有制为主体、多种所有制结构共同发展，也就是说，除了公有制外，还存在着个体、私营、外资等其他非公有制经济。按劳分配是公有制范围内的个人收入分配方式。在非公有制经济成分中，由于生产资料的占有关系不同，必然存在与之相适应的其他的不同的分配方式。例如按资分配、按劳动力价值分配等分配方式。

第二，生产资料所有权和经营权分离，企业作为独立的经济实体，决定了多种分配方式并存。在市场经济条件下，不同的所有制会有不同的经营方式，即使是同一种所有制，也可以采取不同的经营方式。因为多种经营方式既要要求在生产与流通中采取多种组织管理形式，也要求采取多种分配形式。例如企业的承包者或租赁者可以获得经营收入和风险收入等。

第三，市场经济的存在和发展，也要求实行多种分配方式。在市场经济条件下，由于自然资源的优劣、资本的多少、市场条件的变化等非劳动因素的影响，会使各个生产经营者质量相同、数量相等的劳动形成和实现的价值量不等，从而他们获得的收入也不同。同时，随着金融市场、房地产市场、期货市场等的形成和完善，资本收益、土地收益、风险收益等非劳动收入的合法性，允许那些善于经营的企业和个人获得较多的收入，这必将带来个人收入分配的多元化。

第四，生产力的发展状况是实行多种分配方式的根本原因。社会主义初级阶段生产力发展的不平衡、多层次和不够高的状况是分配方式呈现多元化的最深层次的原因。以按劳分配为主体，多种分配方式并存的分配制度适应现阶段生产力发展的需要，可以从分配关系上调动各个方面进行投资和生产积极性，可以充分利用社会经济资源，促进经济发展。

第三节　社会主义初级阶段多种分配方式存在的必然性

分配是所有制的实现。我国社会主义初级阶段以公有制经济为主体的多种所有制形式并存的所有制结构，决定了我国在分配上，除了以按劳分配为主体以外，还存在按生产要素分配等其他多种分配方式。这是由客观经济条件决定的，有其客观必然性：

第一，多种所有制形式并存决定多种分配方式并存。社会主义初级阶段的所有制结构，除作为主体的公有制以外，还有个体经济、私营经济、外资经济以及混合所有制经济等多种所有制经济。按劳分配只是公有制范围内个人收入的分配方式。在公有制以外的经济成分中，由于生产资料的占有关系不同，存在不同的分配方式。在各种生产要素，如资本、技术、劳动力、信息、房地产及其他各种生产资料属于不同个人所有的情况下，它们在生产经营中的投入，其所有者必然要求取得相应的收入，从而存在着按生产要素获取收入的个人收入分配方式。

第二，多种经营方式也是决定多种分配方式的重要条件。即使在公有制经济中，也允许多种经营方式的存在。我国分别实行国家经营、承包经营、租赁经营、股份制经营等经营方式，是在所有权与经营权适当分离的原则下，根据企业的性质、规模和技术特点制定的。在这些不同的经营方式中，所有者、经营者、劳动者获得收入的方式不同，是因为他们的职能以及他们的相互关系存在着差别。

第三，社会主义市场经济的发展要求实行多种分配方式。在社会主义市场经济条件下，市场对社会资源的配置起着基础性作用。而通过市场对资源进行配置，意味着各种生产要素的流通及其在生产经营中的投入，都应按照市场经济原则，向生产要素的所有者支付代价，或为生产要素的所有者带来相应的收益，从而形成按生产要素分配。如在市场经济中，资金要通过市场筹集和调配，这样所筹集的资金要支付一定代价，通过发行股票和债券来筹集资金，就要支付一定股息、红利和利息，购买股票、债券等则获得一定的收入，等等。在市场经营中有风险和机遇，从而形成风险和机遇的收入。因此，社会主义市场经济的发展是建立这一分配制度的现实要求。

第四节　社会主义初级阶段的多种分配方式

把社会主义按劳分配同其他经济成分中的按生产要素分配方式汇集在一起，可以看出，我国社会主义初级阶段的收入分配方式主要有以下几种：

第一，劳动收入。其中包括：（1）公有制经济中的按劳分配收入，包括工资、奖金和津贴。（2）个体经济的个体劳动收入，其实质是劳动者及其家庭成员的劳动和经营所创造的全部新价值。但是，它不同于按劳分配，因为个体劳动者是独立的小商品生产者，同样存在着生产商品的个别劳动时间与社会必要劳动时间、私人劳动与社会劳动的矛盾，只有个别劳动时间小于等于社会必要劳动时间，而生产出来的商品又是社会所需的，则私人劳动才会转化为社会劳动，这样，个体劳动者通过出售商品，实现了其劳动经营所创造的价值，便获得了收入。所以，个体劳动收入，是以个体私有制为基础的商品价值关系中的劳动收入。

第二，劳动力价值收入。其中包括：（1）私营企业中劳动者的工资。我国的私营经济中存在雇佣劳动关系，雇佣工人取得的工资，实际上是工人劳动力价值或价格的转化形式。（2）外资企业中劳动者的工资。外商独资企业职工的收入是劳动力价值或价格。中外合营企业是国家资本主义性质的企业，职工的个人收入具有二重性。一方面，职工是国家的主人，也是企业内国有资产的主人，他们的收入是劳动报酬，具有按劳分配性质；另一方面，职工同外商的关系是雇佣关系，他们的收入又具有劳动力价值的性质。因此，这里既存在按劳分配收入，也有劳动力价值或价格收入。

第三，资本收入。其中包括：（1）私营企业和外资企业的企业主的利润，其实质是雇佣工人创造的剩余价值。（2）社会成员通过储蓄、购买债券、投资入股等所带来的利息、债息、股息、红利等。

第四，风险收入和机会收入。市场经济中，个体劳动者、私营企业等市场主体，在经营活动中都受到市场供求与竞争的影响，会给他们带来有利或不利的后果，他们在经营上都有一定的风险。只有合法致富的良好社会风气，才能推动社会进步。

第五节　完善分配结构和深化分配制度改革

实行以按劳分配为主体、多种分配方式并存的收入分配制度，存在一个怎样调整和规范国家、企业和个人的分配关系的问题。理顺分配关系，事关广大群众的切身利益和积极性的发挥。完善分配结构和分配方式，必须深化分配制度改革。为此必须注意以下两个问题。

第一，正确认识"先富"与"共富"的关系。

马克思在《政治经济学批判大纲》中指出，在未来社会制度下，"社会生产力的发展将如此迅速……生产将以所有人的富裕为目的"。实现共同富裕是社会主义的本质要求和目标，同时也是社会主义的根本原则。贫穷不是社会主义，少数人富裕，多数人贫穷也不是社会主义。走社会主义道路，就是要走人民共同富裕的道路，就是逐步实现共同富裕。但是，实现共同富裕不等于同步富裕、同时富裕、同等富裕，它总是会有先有后、有快有慢。事物的发展总是不平衡的。在社会主义条件下，由于实行按劳分配的原则，人们的劳动有差别，劳动者的体力、脑力不同，体质强弱不同，技能不同，向社会提供的劳动量也不同。根据多劳多得，少劳少得的按劳分配原则，劳动收入也必然会存在差别。同时，在社会主义初级阶段，由于多种所有制和多种经营方式的存在和生产要素参与分配，使个人收入中又形成除工资收入以外的其他个人收入的差别。因此必须允许和鼓励一部分地区、一部分企业、一部分人依靠勤奋劳动与合法经营先富起来。这不仅可以调动先进者的积极性，而且可以通过他们吸引、带动和激励大多数人学习科学技术、勤奋劳动、努力发展生产，为共同富裕提供物质基础。一部分人先富起来所产生的差别，绝不是那种极少数人变成剥削者，大多数人陷入贫穷的两极分化，而是全体社会成员在共同富裕的道路上有先有后、有快有慢的差别。

第二，坚持效率优先、兼顾公平的原则。

一要正确理解公平与效率的关系，正确理解分配公平。所谓公平主要是指一定社会中人们之间利益和权利分配的合理化。在我国社会主义初级阶段，从个人收入分配上说，每个社会成员都有按照"按劳分配与按生产要素分配相结合"的原则进行生产成果分配的权利。所谓效率是指经济活动中所消耗的劳动量与所获得的劳动成果的比率，也就是在资源有效配置前提下经济效率的较高增长，即投入与产出比率的较快提高。效率原则是商品经济的通行原则，也是社会主义市场经济的客观要求。效率的提高，意味着劳动时间的节约，也意味着社会生产力的发展，社会进步和社会财富的增加。

在社会主义市场经济条件下公平和效率是一个有机结合的整体，二者是辩证统一的关系。保证劳动者在收入分配上的充分利益和权利，才能提高社会主义的劳动积极性，激发劳动者发展社会生产力。所以，公平是提高经济效率的前提和保证。但公平绝对不是平均主义和平均分配。收入分配上的平均主义对调动广大劳动者的积极性不利，对经济效率的提高也不利。但收入分配差距过大，尤其是非劳动因素造成的悬殊的收入分配，也是削弱广大劳动者的劳动积极性的原因，从而阻碍经济效率的提高，经济发展严重受挫。通过提高效率创造越来越多的物质财富，才有可能实现分配的公平。所以，效率是公平的基础和前提。社会生产力的发展和社会财富的增加受效率的直接影响。效率低下，为实现公平创造物质条件就不充分。没有效率作基础和前提的公平，只能导致平均主义和普遍贫穷。因此，公平促进效率，效率保证公平，二者是相互联系、相互促进的，这是它们相互一致的方面。但提高效率和社会公平也存在着矛盾。

在我国现阶段，生产力水平不高，个人收入分配中的公平，主要体现在消灭了剥削、等量劳动领取等量报酬等方面，还不能消除人们在富裕程度上的差别。由于不同的人所拥有的天赋、所受教育以及劳动差别和生产要素占有上的差异，按劳分配和按生产要素分配必然带来社会成员收入上的差距扩大。合理的收入分配差距能够激发人们的积极性，提高效率。但差距太大将会引起贫富悬殊和两极分化。要借鉴人类历史上的经验教训，既不能盲目追求资本主义条件下的高效率，损害公平；也不能坚持我国在计划经济体制下，单纯追求所谓的分配"公平"，实质是平均主义，损害效率。因此，分配公平既不是收入差距的过分悬殊，也不是收入的平均分配，分配公平只能是相对的公平。

二要完善社会主义市场经济体制。社会主义市场经济体制是社会主义公有制和市场经济的有机结合，它既可以利用市场机制，促进效率的提高，又能利用社会主义公有制，克服市场本身的缺陷。因此，完善社会主义市场经济体制，有利于消除由于市场经济体制不够完善所造成的，通过以权谋私、权钱交易、贪污受贿等手段获得大量非法收入，造成与其他社会成员收入差距悬殊的情况，为调节收入分配创造良好的制度环境。

三要坚持效率优先、兼顾公平的原则。在初次分配和再次分配两个不同的分配层次上各有所侧重，初次分配注重效率，再次分配要注重公平。市场与政府在调节收入分配中的职能不同，市场充分发挥作用是对于初次分配要注重效率来说，包括发挥要素所有者作为市场主体的作用，促进效率提高和生产力的发展的作用，创造实现共同富裕的物质基础；政府的宏观经济调控政策是对再分配要注重公平来讲的，政府的调控政策目的在于调节社会各阶层和各地区的收入水平差距，目标在于实现最终的共同富裕。政府调节不是要消灭收入差别，而是要把收入差距保持在社会可承受的范围内，防止两极分化。要强化政府再分配的手段：完善收入分配原则，增加收入分配透明度；制定工资最低标准，增加对低收入者的保障力度；加强税收征管，重新科学确定个人所得税的起征点，适时开征遗产税、赠与税等，加大对高收入者的调节力度；对垄断行业的产品或劳务在资产运营、价格形成和收入分配等方面进行调控，使其收入逐步市场化；加大财政转移支付力度，解决城乡之间、地区之间收入差距过大问题；加大对非法、腐败收入的打击力度，依法严惩各种违法交易。

第八章　中国特色社会主义的按劳分配

按劳分配为主体、多种分配方式并存是社会主义初级阶段的个人收入分配制度，这一制度既与社会主义初级阶段的所有制结构相适应，也是社会主义市场经济体制的基本要求。

第一节　按劳分配的基本内容

社会主义阶段在公有制范围内对个人消费品实行按劳分配的原则，这是不以人们的意志为转移的客观规律。我们必须遵循这个规律，而要遵循这个规律、依照这个规律办事，则必须要了解这个规律所具有的内容。一般而言，按劳分配的主要内容有：

第一，凡有劳动能力的人，都必须以参加劳动作为获取消费品的前提条件。按劳分配是在社会主义公有制基础上，劳动者对共同劳动的成果进行分配。因此，要想获取个人消费品，必须参加劳动，只有这样，才有资格从劳动的总成果中获取应得的份额，劳动是获得消费资料的唯一手段，有劳动能力而不参加社会劳动的人，没有权利向社会领取劳动报酬。

第二，实行按劳分配的物质对象不包括全部社会产品，只是其中的个人消费品。全部社会产品，在减去用来补偿消耗掉的生产资料以及扩大生产基金、后备基金、管理费用、满足公共需要的费用和社会救济费用等各项社会扣除以后，剩余的部分才在劳动者个人之间进行分配，用于满足劳动者个人及其家庭的消费需要。

第三，社会以劳动作为分配个人消费品的尺度。按劳分配所依据的劳动，在质的方面是要求符合社会需要的、被社会所承认的劳动。在社会主义商品经济条件下，劳动虽然失去私人性质，但是由于全民所有制企业之间、集体所有制企业之间以及全民所有制企业与集体企业之间还存在商品货币关系，所以商品生产劳动还存在个别劳动和社会劳动的矛盾，劳动还不完全具有直接的社会性。只有被社会承认的劳动才代表劳动者对社会的真正贡献，它才是按劳分配的根据。在量的方面，是以社会平均劳动量为尺度。劳动作为分配的同一尺度，它本身必须有同一的衡量标准。所以，劳动量不能以个别劳动的自然时间来计量，必须把个别劳动量还原为社会平均劳动量。这就需要将复杂程度不同、熟练程度不同的劳动还原为同一的简单劳动，以便在量上进行比较。社会和集体按劳动者提供的劳动的质量和数量分配给个人消费品，等量劳动领取等量报酬，多劳多得，少劳少得。

按劳分配不等于平均分配，必须反对分配上的平均主义，要承认不同劳动者在劳动上的差别，并在劳动报酬上体现这种差别，应当允许劳动者在共同致富的道路上有先有后，因此，按劳分配的实行对于社会主义制度具有十分重要的意义。

首先，它用劳动代替了资本，使劳动成为占有社会产品和获得收入的唯一根据，体现了生产资料公有制中人们在占有生产资料上的平等关系，从而为消灭剥削、消除两极分化、实现共同富裕奠定了基础。其次，它用劳动的尺度代替了需要的尺度，承认个人能力和与此相关的利益差别是个人天然的权利，承认社会主义经济中劳动者所具有"经济人"的身份，从而为社会主义经济的有效运行提供了有效的激励和约束机制。最后，按劳分配内容所包含的劳动者之间劳动相交换的个别劳动与社会劳动的矛盾关系，是推动劳动者提高自身素养、革新技术、发展生产力的重要力量，也是推动社会主义经济不断进步的动力所在。

第二节　按劳分配的客观必然性

按劳分配是社会主义公有制经济范围内个人消费品分配的基本方式。它的基本要求是：凡有劳动能力的社会成员，都必须尽自己的能力为社会劳动，社会以劳动作为分配个人消费品的尺度，按照劳动者提供的劳动数量和质量分配个人消费品，等量劳动领取等量报酬，多劳多得，少劳少得，不劳不得。在社会主义初级阶段实行按劳分配，是由社会主义初级阶段客观经济条件决定的，具有不以人的主观意志为转移的客观必然性。

首先，社会主义生产资料公有制是实行按劳分配的前提条件。任何社会的分配制度都是由生产资料所有制的一定形式决定的。马克思说："消费资料的任何一种分配，都不过是生产条件本身分配的结果。而生产条件的分配，则表现生产方式本身的性质。"马克思这里讲的生产条件包括物质的生产条件和人身的生产条件。其中物质生产条件的分配，就是指生产资料的分配，即生产资料所有制形式，它是决定分配方式的前提。一方面谁占有生产资料，谁就能支配生产过程，从而也就能支配产品的分配。所以，一定的分配方式是一定的所有制的结果；另一方面人们占有生产资料不是为占有而占有，而是为实现自身的经济利益，而经济利益是要通过一定的分配方式来实现的。所以，一定的分配方式又是一定的所有制的体现。在社会主义公有制条件下，每个社会成员不可能像在私有制条件下那样，凭借土地所有权获取地租，凭借资本赚取利润，而只能凭自己的劳动去获得收入。因为在生产资料公有制条件下，"除了自己的劳动，谁都不能提供任何其他东西……除了个人的消费资料，没有任何东西可以成为个人的财产"。同时，按劳分配的实行能够使公有制关系得到真正的实现。所以，按劳分配也是社会主义公有制在个人消费品分配上的实现形式。

其次，旧的社会分工、劳动还存在重大差别，劳动还是个人谋生的手段，是按劳分配存在的直接原因。在社会主义阶段，旧的社会分工还没有消除，工农之间、城乡之间、体力劳动和脑力劳动、熟练劳动和非熟练劳动、简单劳动和复杂劳动的差别依然存在。这些不同的劳动者在相同的时间，向社会提供的劳动数量和质量又有很大差别。这种劳动上的差别，要求在分配个人收入时得到实现。同时，在现阶段劳动还未成为人们生活的第一需要，还是一种谋生的手段，这就必然要求给予劳动者以劳动报酬，报酬量要同其所提供的劳动数量、质量相联系，多劳多得，少劳少得。

最后，社会主义社会生产力发展水平，是实行按劳分配的物质基础。恩格斯指出："分配方式本质上毕竟要取决于可分配的产品的数量。"产品的分配方式既取决于生产资料所有制的性质，也取决于可分配的产品数量，而可分配的产品数量归根结底是由生产力发展水平决定的。正因为在现阶段，生产力发展水平还不够高，社会产品还没有达到极大丰富的程度，还不能充分满足社会成员多方面的需要，因而还不具备按需分配的物质条件，只能以劳动为尺度，实行按劳分配。

总之，实行按劳分配是由社会主义基本经济制度和客观经济条件决定的，只要存在这些条件，它就具有不以人们意志为转移的客观必然性。在公有制范围内，消费品必须按劳动的数量和质量进行分配，既不搞平均主义，也不允许出现过大差别，否则，都会损伤劳动者的劳动积极性。

第三节　按劳分配的主体

马克思认为，社会主义首先是一种生产方式，是一种社会经济结构。我们只能从生产方式或社会经济结构方面去说明分配，而不能反过来用分配去说明生产方式或社会经济结构。"在所谓分配问题上大做文章并把重点放在它上面，那也是根本错误的。"

马克思所设想的按劳分配是以社会为主体，在全社会范围内按照统一标准、同一形式，由社会直接分配给劳动者。因为在全社会占有生产资料的条件下，劳动者的直接劳动就是社会劳动，社会不仅直接组织和管理生产，而且直接根据劳动者向社会提供的劳动数量和质量来分配个人消费品。而在社会主义初级阶段并实行市场经济的条件下，存在的是以公有制为主体、多种所有制共同发展的所有制结构，并且公有制企业本身也是一个自主经营、自负盈亏的商品生产者和经营者。公有制企业的职工是以企业为单位进行联合劳动的，他们的劳动不能直接表现为社会劳动，只有当企业的产品通过市场交换实现其价值之后，企业职工劳动者的个别劳动才能转化为社会劳动，这样，劳动者的个人收入就不完全取决于自己提供的劳动量，而首先取决于企业联合劳动的产品在市场交换中价值实现的状况。企业产品的价值实现后，先要扣除上缴国家的税收和企业留利，然后企业再根据每个劳动者提供的劳动量进行按劳分配。在这里，按劳分配是以企业为主体进行的，按劳分配在企业内部可以有统一的标准，有可能做到同工同酬，而在全社会范围内，就没有统一的标准，从而不可能实现全社会成员的按劳分配。

在社会主义初级阶段，市场经济体制的逐步建立，国家不可能成为按劳分配的主体，按劳分配主体应该是企业。这是因为：第一，社会主义生产资料公有制，是所有权与经营权的适当分离，即国家所有和企业经营。社会主义市场经济新体制得以建立的中心环节是增强企业活力，而增强企业活力又以赋予企业相对独立的商品生产经营者的地位为必要条件。劳动者作为生产资料的所有者，其劳动力只能与企业经营的生产资料相结合，这就决定了劳动者只为企业提供劳动，再以企业的劳动成果作为商品，在市场上进行分配，个人劳动才能转化为社会劳动。企业应该自己确定内部怎样实行按劳分配，只有生产经营权和分配权实现统一，企业才能真正成为相对独立的经济实体，企业作为商品生产者和经营者的地位和权益才可以得到保证。第二，企业是生产资料与劳动者联合体的直接结合体。在市场经济条件下，国家是国有企业的所有者，但不是直接经营者。无论是国家所有的生产资料还是集体所有的生产资料，要形成现实的生产力就首先且只能在企业里与劳动者直接结合。国家不能直接干预企业的分配，不能越过企业这个层次直接对劳动者实行按劳分配。在社会主义市场经济条件下，企业应是按劳分配的主体。社会主义按劳分配是在企业内部实行的，国家对企业内部的按劳分配也进行必要的调节，对收入分配进行宏观调控。

第四节　按劳分配的特征

在社会主义初级阶段，按劳分配中与马克思所设想的等量劳动领取等量产品的"劳"来比较，存在着很大的差异，表现出如下的特点：

（一）按劳分配必须通过商品货币关系来实现，并受市场机制的制约

马克思所设想的按劳分配是在商品货币关系已经消亡的条件下进行的，按劳分配无需借助商品、价值、货币的形式来实现，因而按劳分配的手段必然表现为"劳动券"，劳动者据此向社会领取相应的消费品。但在社会主义市场经济条件下，人们的经济关系表现为商品货币关系，按劳分配只有借助于商品货币形式才能得到实现。劳动者向企业和社会提供劳动后，以货币工资形式取得劳动报酬，然后在利用这些货币到市场上购买自己所需要的消费品，这样，按劳分配的实现程度就会受到商品价格、商品供求和货币币值变化等因素的影响，从而出现名义工资和实际工资的差别。因而，按劳分配中等量劳动交换的原则的实现并非存在于每个个别场合，而只能存在于平均数之中。

（二）劳动的质与量要通过市场才能体现

传统的按劳分配理论认为，劳动者向社会提供的是直接的社会劳动，"各个生产者的个人劳动时间就是社会劳动日中他所提供的部分，就是社会劳动日中他的一份"。所以，可用自然劳动时间来计量劳动者的劳动量。但是，在社会主义初级阶段，多种经济成分的存在，决定了商品中所包含的劳动量，用劳动时间或劳动强度不能直接衡量。原因在于每个劳动者所提供的劳动并非是直接的社会劳动；企业生产商品的劳动耗费，并不是生产产品的社会必要劳动时间，只是个别劳动时间。如果劳动量以个别劳动者或企业所耗费的个别劳动时间来计量，就会没有统一的标准，会有很多不同的劳动尺度，劳动量的大小就无法衡量。

同时，从质的方面可以看出，产品品质受限于不同企业的生产技术水平、生产机械设备和生产管理水平，所以产品品质不尽相同。由于新科技的不断发展，产品种类的日益增多，也使质的计量标准越来越多，质的计量难以体现。所以，按劳分配中的"劳"是以劳动者耗费并在市场上实现了的劳动作为按劳分配的衡量标准和依据，不是简单地用生产过程中劳动者的劳动消耗来衡量，最后通过市场交换劳动的质与量才能衡量和体现出来。

（三）按劳分配的尺度是社会必要劳动

马克思设想的按劳分配是在商品货币关系已经消亡的情况下实现的，劳动者的劳动直接表现为社会劳动，个人劳动不再经过迂回曲折的道路就能够直接构成社会总劳动的一部分。然而在社会主义初级阶段并实行市场经济的条件下，劳动者的个人劳动不能直接作为社会总劳动的构成部分，即它不能直接表现为社会劳动，而是必须先通过企业劳动者共同生产出产品，使自己的劳动凝结在产品中形成价值，然后经过商品交换使产品价值实现之后，劳动者个人劳动才能转化为社会劳动，被社会所承认。这样，在市场经济条件下的按劳分配尺度，就不能是劳动者的个人劳动时间，不能直接按劳动者实际提供的劳动数量进行分配，而必须按劳动者提供的、经过市场形成的社会必要劳动量进行分配。显然，在市场经济条件下按劳分配中的劳动，已不是马克思所设想的直接的社会劳动。社会必要劳动才是进行按劳分配的依据，是企业经营的成果通过市场表现的价值量形式，其中包括市场状况、生产条件和风险等非劳动因素的影响。

（四）按劳分配的报酬收入与生产者的生产条件、联合劳动和经营管理有着密切的关系

按照马克思最初的设想，国家是实施按劳分配的主体。这意味着劳动者参与劳动的单位不是一个利益独立的经济实体，而仅仅是一个劳动组织。因此，无论在哪个劳动的单位，只要劳动者付出同样的劳动，都可以获得同样多报酬。

但是，在社会主义市场经济条件下，企业是作为一个经济实体，生产经营都是自负盈亏的。不同企业的经济效益不同，劳动者从不同经济效益的企业得到的劳动报酬也不一样，全社会统一的分配标准不存在。所以，劳动者的劳动数量和质量以及劳动者所在企业的生产技术设备、联合劳动和经营管理水平决定了劳动者在按劳分配方式中的报酬收入。因为在按劳分配中可供分配的劳动量的价值大小有三个决定因素：劳动者个人的技术水平、操作熟练程度和劳动的强度；企业是否拥有先进的生产技术和生产设备，是否拥有畅通和充足的原材料和资金来源；企业的经营管理水平、组织结构、生产经营方式以及获取市场信息的程度。也就是说，在市场经济条件下，企业所获得的利益的大小，不仅取决于企业内部劳动者所提供的劳动量的大小，而且取决于企业在降低成本、提高质量、创新品种、提高劳动效率等改善经营管理方面所作的努力。只有那些能有效地组织联合劳动，擅长经营的企业，才能通过市场交换获取较大的利益，从而使企业劳动者得到较多的可供分配的收入份额。可见，即使付出同等数量和质量的劳动，同一劳动者在不同的企业，也会得到不一样的报酬。这正体现了在社会主义市场经济条件下的按劳分配中，劳动者的报酬收入与企业的资源配置、经营管理和联合劳动等有着密切的联系。

在社会主义初级阶段，按劳动分配的实现必须通过商品交换的形式，并受到价值规律和市场机制的制约。自改革开放以来，国有企业中实行的按劳分配，是企业作为行为主体把企业经济效益与职工收入直接挂钩，而不再是国家对劳动者个人的直接分配。尤其是在公有制企业中实行多种不同的经营方式后，这些承包、租赁、股份制的企业内部的分配制度，赋予按劳分配许多新的特点，突破了传统意义上的按劳分配。

按劳分配是社会主义的本质特征，是实现"共同富裕"的必由之路。因此，必须坚持按劳分配的主体地位。但是，单一的按劳分配形式不能适应社会主义初级阶段生产力发展和经济制度改革的要求。为了适应生产力和经济制度的发展与改革要求，必须坚持按劳分配为主体、多种分配方式并存的社会主义初级阶段的收入分配制度和按生产要素分配的社会主义市场经济条件下的收入分配形式。

第五节　按劳分配的实现形式

我国现阶段的按劳分配同马克思当年设想的未来社会的按劳分配存在很大差别。马克思设想的按劳分配，是不存在商品货币关系条件下的按劳分配，而我国现阶段的按劳分配却是在市场经济条件下实行的，存在着商品货币关系。这种差别主要表现在：

第一，按照马克思的设想，由于不存在商品货币关系，"个人的劳动不再经过迂回曲折的道路，而是直接作为总劳动的组成部分存在着"，而在市场经济条件下，个别企业中联合劳动者的劳动，也只能是局部劳动，不可能直接成为社会劳动。必须经过市场交换，产品被社会接受了，局部劳动才能实现为社会劳动。不适合市场需要的商品长期积压在仓库里，最终报废，就是局部劳动得不到社会承认，最终成为无效劳动的表现。

第二，按照马克思的设想，由于社会主义劳动者的个人劳动直接被视作社会劳动，"各个生产者的个人劳动时间就是社会劳动日中他所提供的部分"，劳动者的劳动贡献就可以直接用劳动时间或劳动强度来衡量。而在商品经济条件下，商品中所包含的劳动量，不能直接用劳动时间或强度来衡量，只能迂回曲折地通过价值来表现。

第三，在没有商品货币关系的条件下，马克思设想，按劳分配将借助于劳动证书或劳动券的形式来实现，而在商品经济条件下，就必须借助于货币。

第四，没有商品货币关系，就不再有价格与价值的背离，所以马克思设想，虽然消费品的按劳分配"通行的是商品等价物的交换中通行的同一原则，即一种形式的一定量的劳动同另一种形式的同量劳动相交换"，但是，"原则和实践在这里已不再互相矛盾"。这就是说，将不会有劳动报酬与劳动贡献相脱节的情况。但是，由于商品货币关系的存在，劳动报酬与劳动贡献相符也只能是一种趋势。两者完全相符是罕见的，两者之间一定程度的背离则是普遍的。

第五，马克思所设想的按劳分配在全社会按统一的标准实行分配，而现实中，由于各个全民所有制经济、集体所有制经济单位都是市场主体，都以利润最大化为目标，都有自身独立的利益，因而，按劳分配在全社会范围内没有统一的标准，只是以企业为单位，在各个企业内部按照各自企业内部的状况进行分配。

由于社会主义的现实同马克思的设想相去甚远，所以社会主义现阶段按劳分配的实现形式也必然不同于马克思所设想的；而且在公有制经济中，由于生产力发展的水平和公有制的形式有所不同，按劳分配的实现形式也有所不同。

在国家所有制经济和城镇集体所有制经济里，按劳分配借助于货币工资形式来实现。社会主义工资是实行按劳分配的劳动报酬形式，是劳动者在必要劳动时间内创造的价值的货币表现。

社会主义工资有计时工资和计件工资两种基本形式。至于选择何种工资形式，也应体现按劳分配的要求，如在那些劳动量可以直接通过产品数量或工作定额反映出来的工种和岗位，实行计件工资是适当的；在不适于实行计件工资的地方，实行计时工资时也应尽可能使工资与劳动实际联系起来，实行按劳分配。此外，在国家所有制经济和集体所有制经济里，还有奖金、津贴等补充形式。

由于国家所有制经济、集体所有制经济各自具有独立的经济利益，所以，社会主义的按劳分配只能在企业内部进行，各个企业职工的工资标准也就很难一致，这种情况下，职工个人收入不仅取决于个人提供的劳动量，而且决定于企业经济效益的高低。企业经济效益的高低，既受主观因素的影响，也受客观因素如技术水平、自然条件等的影响。因此，在社会主义现阶段，各个企业之间劳动者个人收入分配必然会出现差别。

现阶段，在我国农村合作经济中，农户的收入除劳动收入外，还包括对土地投资带来的收益等。当前我国农村实行家庭承包责任制，即以家庭为单位，通过承包合同将国家、集体和农户之间的关系固定下来。根据合同，集体将土地等生产资料包给农户使用，规定农户上交国家和集体的任务。合同实际上是预先确定了分配方案，承包户收获的农产品在完成了合同规定的该上缴的任务以后，其余部分就是劳动者的个人收入。这种分配方式把劳动成果同劳动报酬联系起来，较好地贯彻了按劳分配原则，并有效地克服了平均主义，极大地调动了广大农民的积极性，推动了社会经济的巨大发展。

第九章　社会主义初级阶段的
按生产要素分配

党的十五大明确提出"按生产要素分配"的概念，这在中国社会主义经济理论发展史上尚属首次，是社会主义收入分配方式和收入分配制度的重大调整和变革，是社会主义收入分配理论的重大突破。从实践来看，我们既不能脱离按劳分配的主体，来片面地突出按生产要素分配，但又要从实际出发，真正弄清楚按生产要素分配的依据、主体、对象及其必然性等问题。在这方面，仍然需要从理论的角度作进一步阐述。

第一节　生产要素和按生产要素分配的含义

按生产要素分配是指生产要素所有者凭借所有权，获得收益的经济行为，也就是生产要素参与收入分配。

正确理解生产要素的含义是准确把握"按生产要素分配"的前提。马克思在《资本论》中研究资本主义生产过程时指出：生产过程既是生产使用价值的劳动过程，又是价值增殖的过程。由此，构成劳动过程的要素和构成价值增殖过程的生产要素是不同的。

作为生产使用价值的劳动过程，生产要素是人类社会进行物质资料生产所必须具备的因素和前提条件，指投入到生产过程中的劳动者和生产资料。前者是人的因素；后者是物的因素，包括劳动资料和劳动对象。在生产过程中人们借助劳动资料，使劳动对象发生预定的变化，当生产过程结束时劳动和劳动对象结合在一起，劳动物化了，劳动对象被加工了，形成了适合人们需要的物质资料。劳动者与生产资料的结合，是人类生产的一般条件，没有它们的结合，就没有社会生产活动。

与此同时，马克思在《资本论》中还从决定劳动生产力的角度指明劳动过程的要素，包括：劳动、科学技术、管理、生产资料和土地。马克思把科学技术和管理作为独立的生产要素分列出来，这对于分析研究现代生产力及其发展，有着重要意义。

在党的十五大报告中指出，"允许和鼓励资本、技术等生产要素参与分配"。由此可见，"资本"也是"按生产要素分配"中的重要的生产要素之一。可是，从马克思对作为生产使用价值的劳动过程的两种不同视角的分析中，均不见生产中有"资本"这个要素。从价值和剩余价值的生产过程，即资本增殖过程来看，"资本"才称为生产要素，并且还是唯一的要素。

马克思的劳动价值论认为，增殖是资本的特性、本性。资本按其在增殖过程中的作用，可分为不变资本和可变资本；按其存在的具体形态，可分为货币资本、处于生产过程中的资本即生产资本和商业资本。各种生产资料，不过是资本存在的特殊具体形态。这就表明，我们只有从生产使用价值的劳动过程和价值增殖过程相统一的视角，才能准确把握"按生产要素分配"的生产要素的内涵。单纯的劳动过程或单纯的价值增殖过程的要素，都不等于分配中的要素。"按生产要素分配"，绝非指生产要素都能创造价值，活劳动才是价值的唯一创造者。

科学技术之所以成为重要的生产要素之一，是因为在现代科学技术进步的条件下，科学技术也是生产要素内容之一，是体现在劳动者与生产资料上面，劳动者与生产资料的发展状况和水平，标志着科学技术进步程度，科学技术和生产发展增强了劳动者的劳动能力和素质，又是劳动者的劳动能力提高的结果。

第二节　按生产要素分配的依据

在社会主义市场经济条件下，尤其是在社会主义初级阶段，由于生产力水平和社会发展水平还不高，还不具备单一的按劳分配的条件。因此，党的十六大明确确立了劳动、资本、技术和管理等生产要素按贡献参与分配的原则。这就在公有制范围内客观上提出了如何既贯彻按贡献分配原则，又体现按劳分配制度的问题，即按贡献分配原则和按劳分配制度的结合和统一问题。

在社会主义市场经济条件下，按生产要素分配具有客观必然性。在我国社会主义初级阶段，对劳动、资本、技术、管理等生产要素按贡献参与分配的依据有三个：

一是生产决定了分配的对象和分配的方式。收入分配的根本依据是生产力的发展水平。马克思说："分配的结构完全决定于生产的结构，分配本身就是生产的产物，不仅就对象说是如此，而且就形式说也是如此。就对象说，能分配的只是生产的结果，就形式说，参与生产的一定形式决定分配的特定形式，决定参与分配的形式。"表明我国收入分配的对象和分配的方式发生的变化是从"按劳分配"到"按劳分配和按生产要素分配相结合"，再到"劳动、资本、技术和管理等生产要素按贡献参与分配"。

我国现阶段基本的生产要素是劳动、资本、技术和管理四大要素，它们以生产要素的形式参与生产，决定着必须确立劳动、资本、技术和管理等生产要素按贡献参与分配的原则。

在一定程度上，分配等其他要素或者环节对生产也会起决定作用，马克思对这种决定作用的理解是"一定的生产决定一定的消费、分配、交换和这些不同要素相互间的一定关系。当然，生产就其片面形式来说也决定于其他要素"。分配关系对生产的作用非常明显，所以，我国在现阶段必须完善按劳分配为主体、多种分配方式并存的分配制度。

二是按生产要素分配的客观依据是生产要素产权。在社会主义市场经济条件下，我国的生产要素呈现稀缺性，劳动和其他生产要素仍然是生产的组成要素。在以劳动为主，其他生产要素共同参与下，价值和财富被创造出来；要素市场的主体是劳动和其他生产要素，市场对劳动和其他生产要素进行合理配置。因此，生产要素的产权必须明确，必须以所有者获得收益为条件来进行生产要素的产权使用或转让。生产要素产权是在社会主义市场经济条件下按生产要素分配的前提和客观依据。

三是劳动要素和其他生产要素在创造价值和财富中所起作用的大小是生产要素按贡献参与分配的量的依据。生产要素有两种基本类型：资本性生产要素和商品性生产要素。商品性的生产要素，不参与价值分配，其目的是为实现自身的价值。资本性的生产要素，不但要实现自身的价值，而且还要实现自身价值的增殖，获得大于自身价值的价值即剩余价值。因此，资本性生产要素参与价值分配的原则是等量资本获取等量利润。

劳动创造价值或劳动作为生产要素之一参与价值创造，劳动在价值创造中的贡献与劳动者的收入相联系。复杂劳动在价值创造中的贡献大于简单劳动，科技劳动和管理劳动的贡献大于一般劳动，在价值分配中复杂劳动、科技劳动和管理劳动理应获得更多收入。除劳动要素外，商品性的生产要素和资本性的生产要素都具有自身价值，并且都是过去劳动的积累。非劳动要素的价值量的大小取决于物化在其中的一般劳动价值量的大小，通过具体劳动，劳动者的活劳动把非劳动要素的价值转移到新产品中去，但非劳动要素并不创造价值。所以，非劳动要素应按照它们在价值创造中所贡献的大小参与分配。

有人认为，十六大报告提出"生产要素按贡献参与分配"，是指各种要素都创造价值，是作为价值源泉所作出的贡献。我们认为，确立生产要素参与分配的原则，完全符合劳动价值论。生产要素中的劳动，包括技术创新者和管理者的劳动，既创造价值，也创造财富，因而是价值与财富的源泉。技术、知识本身以及资本尽管是生产价值和财富的必要条件，但它们并不是价值的源泉。马克思多次强调，劳动是价值的唯一源泉，但"劳动并不是它所生产的使用价值即物质财富的唯一源泉"。

正像威廉·配第所说："劳动是财富之父，土地是财富之母。"恩格斯也说："其实劳动和自然界一起才是一切财富的源泉，自然界为劳动提供材料，劳动把材料变为财富。"财富的源泉同价值的源泉虽有联系，但不是同一个概念。价值创造与价值分配也是既有联系又有区别的两个不同问题。二者之间的联系表现在：价值创造是价值分配的基础和源泉。二者之间的区别是：按照劳动价值论，资本、土地、自然资源等非劳动要素虽然不创造价值，但可以凭借其产权参与由劳动创造的价值分配。生产要素按贡献参与分配中的"贡献"是指生产要素在生产价值和财富即使用价值中的贡献。不能由按生产要素分配引出要素价值论，否定劳动价值论。

生产要素按贡献参与分配的主体应是劳动、资本、技术和管理等各种要素产权的拥有者。相对于传统的分配理论这是一个重大突破，它在我国分配理论和分配政策上，第一次确立了劳动者、投资者、科技人员和管理人员等各种要素产权拥有者成为个人收入分配的"参与者"。在计划经济体制下，在国家单一产权主体的条件下，劳动者等社会成员不可能成为产权主体参与分配。只有在市场经济条件下，在多元要素产权主体的条件下，各种生产要素产权拥有者才能成为参与收入分配的主体。确立劳动者等各种生产要素拥有者的产权主体地位是我国社会主义生产关系领域中一个新的革命性变革。

生产要素按贡献参与分配的对象应该理解为是企业的"剩余收益"即利润。利润是激发生产要素活力的源泉，如果没有利润的回报，就难以调动生产要素所有者投入的积极性。目前资本参与利润分配已经基本成为共识，但对于劳动参与利润分配还有一些理论和观念上的障碍。

在社会主义市场经济条件下，劳动力的所有权仍然归劳动者个人，包括科技劳动和管理劳动等复杂劳动在内的劳动也是一种投资，除了工资之外，要和资本一样参与利润的分享。劳动作为一种特殊的生产要素，"如果劳动者以商品形式出售给生产经营者，那么，劳动者只能获得劳动力的价值或价格，劳动者创造的剩余价值则归生产经营者占有和支配。如果它是以人力资本的形式参与生产经营，那么，劳动力的所有者则必然参与生产经营成果的分配"，这个分得的劳动成果就有可能大于、等于或小于劳动力的价格或价值。确立劳动或人力资本参与利润分配的原则，能够激励劳动者不断学习，鼓励他们不断提高绩效。

因此，所谓生产要素按贡献参与分配是指各种生产要素产权的拥有者凭借对生产要素的产权，按投入社会再生产过程中的生产要素在价值和财富创造中的贡献进行收益分配的一种分配方式。生产要素分配的主体是各种生产要素产权的拥有者；分配的根本依据是生产力发展的水平；分配的客观依据是生产要素产权；分配的量的依据是各种生产要素在创造价值和财富中所起作用的大小；分配的对象是指在一定时期，通常是一年，生产的社会总产值在补偿已消耗的生产资料价值和劳动力价值以后的价值即剩余价值中，又作了必要扣除后的剩余部分。

第三节 按生产要素分配的必然性

确立按生产要素分配的原则是对我国分配理论的重大创新，对我国分配制度的改革具有十分重要的现实意义。

第一，确立生产要素分配的原则是对马克思所有制理论和分配理论的发展和完善。马克思在《资本论》中阐明：即使全部价值都是由劳动创造的，由于资本和土地由少数人私人所有，就使资本家和地主得到了利润和地租这样的非劳动收入。但马克思强调劳动之外的其他因素只是参与了使用价值即财富的生产。所以，他认为像单纯由非劳动的生产要素所有权而获得的那些不是靠自己劳动获得的收入，都是"剥削"他人的劳动。

马克思在《哥达纲领批评》中系统地阐述了共产主义最初阶段的按劳分配的分配方式："每一个生产者，在作了各项扣除之后，从社会方面正好领回他所给予社会的一切。他所给予社会的，就是他个人的劳动量。"

马克思、恩格斯认为："生产资料公有制是未来社会经济关系的基础。社会主义革命将首先在最发达的资本主义国家取得胜利，这些国家生产力水平较高，因此无产阶级夺取政权后，要把一切生产资料转归全社会所有，实行单一的全社会公有制。"因为实行生产资料公有制，"除了个人的资料消费，没有任何东西可以成为个人的财产"。所以，这个时期任何个人都不可能靠对非劳动生产要素的私人占有获得收入，也不可能有与按劳分配不一致的按生产要素分配。但是，在我国社会主义初级阶段所实现的生产资料公有制为主体，多种所有制经济共同发展的基本经济制度和所有制结构，决定了我国现阶段的分配方式只能是按劳分配和按生产要素分配相结合。因此，确立生产要素参与分配的原则是对马克思所有制理论和分配理论的创新和发展。

第二，确立生产要素参与分配的原则，把按劳分配与按生产要素分配结合起来，是坚持按劳分配为主体、多种分配方式并存的分配制度的具体体现。实行按劳分配为主体、多种分配方式并存的分配制度，把二者在分配结构和分配方式上结合起来。

第三，确立生产要素参与分配的原则有利于资源的合理配置和生产力的进一步发展。这一原则的确立能保护劳动、激发劳动热情和不断提高劳动素质；能够规范资本市场，保护资本市场投资者的权益，进一步改善投资环境；能促进科技成果向现实生产力的转化，充分肯定科技人员的地位、作用和价值，可以使广大科技人员的收入与他们的劳动价值和贡献相符；能激励企业家充分发挥管理能力，提高企业绩效，实现企业价值的最大化，从而推动社会生产力的发展。

第四，确立生产要素参与分配的原则为实现全面建成小康社会的目标提供了有利的支持。20世纪末，我国居民生活水平已经从总体上达到小康。全面建成小康社会是党的十八大提出的宏伟奋斗目标。确立按生产要素分配的原则，一方面，将激发各种生产要素所有者的积极性和创造性，从而提高效率，创造更多的社会财富；另一方面，把按劳分配与按生产要素分配结合起来，将使居民收入普遍提高，物质生活极大改善，为全面建成小康社会提供坚实的基础。

确立生产要素参与分配的原则，并不是只限于非公有生产要素参与分配，相反，公有生产要素也要参与分配。因为在我国现阶段，公有制经济是主体，非公有制经济是社会主义市场经济的重要组成部分。生产要素主要归公有制经济单位占有和支配，因而公有生产要素也必然会参与分配。例如政府部门、国有经济和集体经济等单位凭借其拥有的公有资产所有权和占有权，通过出租或者让渡土地、矿山、企业等所获得的地租、租金等收益，向企业投资入股、购买债券、把货币存入银行等所获得的股利、债息、利息等收益，凭自己占有的有利设备、生产资源等生产条件取得的级差收益等，都是公有要素参与收入分配的具体体现。这些公有生产要素参与收入分配，有利于社会主义公有制经济实力的增强和按劳分配及共同富裕的实现。

除了公有生产要素参与分配外，非公有生产要素同样要参与收入分配。例如劳动者个人在银行存款、购买债券、投资入股所获得的利息、债息、股利，私人企业主所得利润、外资企业中外商所得利润等，都属于非公有生产要素参与分配。我国现阶段要依法保护个人财产所有权及其合法收益。

第四节　按劳分配和按生产要素分配不能相互替代

在按劳分配和按生产要素分配的讨论中，曾出现把按劳分配包含在按生产要素分配之中或者用按生产要素分配取代按劳分配的倾向。其实，按劳分配制度和按生产要素分配原则反映的关系和要求是不同的。因此，两者之间不能简单地替代。

按劳分配和按要素贡献分配所反映的关系和要求不同。按劳分配和按要素贡献分配同属于产品分配关系问题。根据马克思经济学的基本原理，产品分配关系是在生产过程中形成的，是生产资料所有制关系的重要内容和表现形式。马克思说："消费资料的任何一种分配，都不过是生产条件本身分配的结果，而生产条件的分配，则表现生产方式本身的性质。"这里所说的生产条件，是指物质的生产条件，应该包括劳动、资本、土地、技术、管理等生产条件。这里所说的生产条件的分配，应该是指劳动、资本、土地、技术和管理等生产条件的归属，也就是作为生产关系基础的各种生产要素所有制关系，正是这种作为生产关系基础的各种生产要素所有制决定了产品的分配关系。同样，按劳分配和按要素贡献分配作为产品分配关系，也是由这种生产要素所有制关系决定的。

具体来说，是由于我国社会主义初级阶段市场经济条件下公有制经济范围内的生产要素所有制关系决定的。在我国社会主义初级阶段实行市场经济条件下的公有制经济范围内，同时存在着两种不同性质的生产要素所有制关系：一种是企业劳动者对公有产权的平等占有关系；另一种是生产要素的多元所有关系。这两种关系在分配上的要求和表现是不同的，而按劳分配和按要素贡献分配正好反映了这两种不同的关系和要求。

按劳分配是公有制经济范围的公有产权在分配关系上的实现，如果只有公有制为主体而没有按劳分配，则意味着公有产权的主体地位没能充分实现。如果在公有制经济分配关系中缺少了按劳分配，只靠公有制的主体地位，则难以保证或不能充分实现社会主义性质。按劳分配是社会主义公有制条件下劳动者收入分配的规律和原则。在今天，它反映的是公有制经济范围内，在公有产权的主体地位及劳动者对公有产权平等占有关系的条件下，劳动者按其劳动贡献参与收入分配的关系和要求，是公有制的主体地位和劳动者的主人翁地位在分配关系上的实现。按劳分配是反映社会制度性质的分配关系，因此被界定为分配制度。

按要素贡献分配原则在公有制经济范围内反映的是生产要素的多元所有关系在分配上的要求。公有制范围内的生产要素多元所有关系是我国的基本经济制度或社会上存在的多种所有制关系在公有制经济中的反映和渗透。在这种条件下，劳动、资本、技术和管理等共同创造社会财富的生产要素属于多元所有，必然形成按要素贡献平等参与收入分配的关系和要求。这种多元生产要素按贡献参与分配的关系，其本身的性质和它在公有制经济分配关系范围内的性质是有区别的。就其本身的性质来说，是市场经济条件下生产要素属于多元所有制，生产者使用不完全属于自己的生产要素创造产品、参与收入分配的一般规律和要求。与市场经济一样，它并不反映社会制度性质，而是一种中性的分配关系和要求。就其在公有制经济分配关系范围内的性质来说，由于受到公有制的主体地位和公有制经济分配关系中的按劳分配关系的制约，这种多元生产要素按贡献参与分配的关系便属于社会主义分配关系的范畴。

　　当然，多元生产要素按贡献参与分配关系在这里的这种性质，是以按劳分配关系存在为前提的。正是由于多元生产要素按贡献分配本身并不反映社会制度性质，因此，只能把按贡献分配界定为分配原则。而正是由于按劳分配制度和按要素贡献分配原则反映的关系和要求不同，才决定两者之间不能简单地相互替代。